MA CAVALE

DU MÊME AUTEUR

LES HABITS D'OMBRE, Gallimard, 1993 ; Folio policier, 2006.
NOUVEL AN, NOUVELLE VIE, Mille et une nuits, 1994.
L'OMBRE ROUGE, Gallimard, 1995.
L'AIR DE RIEN, Autrement, 1995.
BUENA ONDA, Gallimard, 1996, Série Noire, 2004 ; Folio policier, 2006.
J'AURAIS TA PAU, Baleine, 1997 ; Librio, 2001.
COPIER-COLLER, Flammarion « Père Castor », 1997.
DERNIÈRES CARTOUCHES, Joëlle Losfeld, 1998 ; Rivages-Noir, 2000.
JAMAIS PLUS SANS FUSIL, Ed. du Masque, 2000.
TERRES BRÛLÉES, *anthologie,* Rivages, 2000.
AVENIDA REVOLUCION, Rivages, 2001 ; Rivages-Noir, 2004.
LE CARGO SENTIMENTAL, Joëlle Losfeld, 2003 ; Losfeld, Arcanes, 2005.

CESARE BATTISTI

MA CAVALE

Préface de Bernard-Henri Lévy

Postface de Fred Vargas

GRASSET / RIVAGES

POURQUOI JE LE DÉFENDS
par Bernard-Henri Lévy

J'ai croisé, quelquefois, Cesare Battisti.

J'aime ses livres – à commencer par *Le Cargo sentimental*, ou *Dernières Cartouches*.

Mais faut-il le préciser ?

Je n'ai ni sympathie ni antipathie particulières pour la figure qu'il est devenu.

Je n'ai pas d'idée arrêtée sur son implication, ou non, dans les deux crimes dont il a été jugé coupable et qu'il nie.

Et quant au terrorisme, c'est peu de dire qu'il me fait horreur : il n'a jamais, selon moi, ni circonstances atténuantes ni excuses ; il n'y a jamais, nulle part, de situation qui justifie que l'on tue, de sang froid, un civil ; c'est vrai au Pakistan ; c'est vrai au Proche-Orient ; et c'était vrai, de la même façon, dans cette Italie des années de plomb où je disais déjà, à l'époque, face à des assemblées d'« autonomes » de Milan ou d'« extraparlementaires » de Bologne tentés de basculer, que le choix de la « lutte armée » était un choix infâme, inscrit dans l'histoire infâme des fascismes et n'ayant plus qu'un très lointain rapport avec les idéaux d'émancipation.

C'est dire que si j'ai, il y a quelques mois, pris fermement parti contre la décision d'extrader l'ancien militant des Prolétaires armés pour le communisme et si, aujourd'hui, non content de persister et de signer, je prends la responsabilité de présenter au lecteur français le nouveau livre qu'il nous adresse, cette fois depuis sa cavale, c'est pour des raisons, de forme et de fond, qui n'ont rien à voir avec je ne sais quelle complaisance, ni pour ce qu'il est réputé être ni, bien sûr, pour ce qu'il est accusé d'avoir fait.

Il y a des raisons, d'abord, qui touchent à l'état de l'Etat de droit en France.

Peut-être François Mitterrand a-t-il eu tort de donner asile à tous les anciens terroristes ou présumés tels, condamnés en Italie, mais qui avaient renoncé à la violence.

Et peut-être eût-il été plus sage de s'en tenir à la première version de sa désormais fameuse « doctrine » – celle qu'il avait formulée, le 22 février 1985, face au Premier ministre italien du moment, Bettino Craxi, et qui excluait du principe de cet asile ceux des anciens brigadistes dont un « dossier sérieusement étayé » indiquerait qu'ils s'étaient rendus coupables de « crimes de sang ».

Mais voilà.

Les choses sont ce qu'elles sont.

Et ce sont neuf gouvernements successifs, de droite comme de gauche, qui ont entériné la décision d'accueillir, sans exception, pour peu qu'ils aient déposé les armes, tous les anciens tenants de la « guerre révolutionnaire » en Italie.

Le problème, à partir de là, est simple.

On ne peut pas, quand on est un Etat de droit, instaurer une règle, la confirmer au fil des décennies et, un beau jour, sans crier gare, annoncer qu'elle ne vaut plus.

On ne peut pas dire à un homme : « vous pouvez nous faire confiance car les lois, la jurisprudence, la tradition françaises vous protègent », on ne peut pas lui donner l'hospitalité, le laisser s'installer chez soi, se marier, faire des enfants, avoir son nom dans l'annuaire, vivre à visage découvert, on ne peut pas lui donner une carte de séjour, le laisser publier ses romans, participer à des Salons du livre, des émissions de télévision, de radio – et puis, tout à coup, sans élément nouveau, lui signifier qu'on s'est trompé et qu'il retourne à la case prison.

Battisti eût-il trahi son engagement de renoncer à la terreur que la situation eût, naturellement, été différente.

Aurait-on eu la preuve que, sous ses dehors de père tranquille et d'auteur de fictions policières, il continuait de faire des braquages, d'entretenir un réseau clandestin ou d'être lié à tel groupe renouant avec le terrorisme – je comprendrais le revirement.

Mais tel n'est pas le cas.

Personne, ni en Italie ni en France, ne dit rien de semblable.

Personne, nulle part, ne conteste le fait qu'il ait, sinon changé son âme (ce qui se passe dans l'intimité des cœurs ne regarde pas les tribunaux), du moins réformé sa conduite et tourné la page (la seule chose dont, en démocratie, la justice ait à connaître).

Et c'est pourquoi il est choquant de venir lui dire, du jour au lendemain, que c'est nous qui changeons d'avis et que sa place est en Italie.

Question de principe.

Première question de principe qui – pardon, amis italiens, qui reprochez aux intellectuels français de « se mêler de ce qui ne les regarde pas » et, donc, de vous « donner des leçons » – nous concerne justement, nous, Français, citoyens d'un Etat de droit dont il n'est pas pensable que les règles puissent varier au gré des gouvernements.

Je comprends qu'un ancien garde des Sceaux, partisan de l'extradition, puisse se sentir « ému » – *sic* – chaque fois que viennent à sa conscience les images des victimes des PAC.

Mais la justice se fait avec des règles, pas avec des émotions.

Elle s'appuie sur une jurisprudence, pas sur les états d'âme de tel ou tel, fût-il ministre.

Et elles sont précisément faites, ces règles et ces jurisprudences, pour refroidir les passions – fussent-elles vertueuses et compassionnelles.

Il y a les raisons qui, ensuite, tiennent à l'Italie et aux particularités de sa justice pénale.

Je n'ai jamais prétendu que l'Italie ne fût pas un pays démocratique.

Je crois juste qu'il arrive à toutes les bonnes justices de commettre des erreurs et que le risque est redoublé quand existent, dans un code pénal, des failles qui, exposées à une situation exceptionnelle, produisent des effets eux-mêmes exceptionnels.

Dans le cas de l'affaire Battisti, je vois deux failles de cette sorte.

Le statut des repentis, d'abord, c'est-à-dire de ces criminels qui, non contents de rompre avec leur passé, décident de se mettre à table et, en échange des informations qu'ils détiennent ou prétendent détenir, pour prix des noms d'anciens complices qu'ils donnent à la justice et qui permettront à l'enquête d'avancer, obtiennent, pour eux-mêmes, des remises ou des suppressions de peine.

Non que le principe soit incompréhensible.

Et tant mieux si, par ce biais, l'on brise la loi du silence qui est au cœur de toutes les menées mafieuses et, en particulier, des menées terroristes.

Mais peut-on bâtir un réquisitoire sur des témoignages qui, si précieux soient-ils, sont d'une fiabilité relative ?

Peut-on envoyer un homme finir ses jours en prison sur la seule foi d'un criminel dont on sait que le châtiment sera inversement proportionnel à la quantité de crimes qu'il lui aura mis sur le dos ?

C'est très exactement ce qui s'est passé dans le cas de Battisti comme d'ailleurs, ultérieurement, dans celui d'Adriano Sofri.

Le dossier comporte d'autres éléments, sans doute. Il contient des témoignages de gens qui, présents à proximité des lieux des meurtres d'Antonio Santoro et Andrea Campagna, jurent l'avoir reconnu, sans en être vraiment certains, tout en le prétendant quand même. Mais ce sont des témoignages fragiles. Ce sont des témoignages de mineurs ou de déséquilibrés. En sorte que le seul élément solide, la seule déposition clairement à charge, la seule pièce du dossier sur la base de laquelle le décret d'extradition a pu être prononcé, c'est la parole de ce fameux Pietro Mutti dont on lira, ici, dans ces pages, le talentueux et édifiant portrait – et dont je répète qu'il achète son propre salut en accablant son ancien camarade...

Cela est-il juste ?

Peut-on accepter pareil marché sans, au moins, quelques réserves et précautions ?

Et la première des précautions ne serait-elle pas d'entendre, juste entendre, d'abord à travers ce livre, puis dans l'enceinte d'un tribunal où il comparaîtrait en personne, la parole de celui qui, face à ces accusations terribles, ne cesse de répéter : « eh bien non, justement... j'ai été membre d'une bande armée... j'ai appelé à la violence... mais il se trouve que tuer, de mes mains vraiment tuer, cela non, je ne l'ai pas fait... » ?

Car c'est là qu'apparaît la seconde faille – c'est là que le droit italien révèle sa seconde zone problématique et, en la circonstance, catastrophique : le régime de la contumace et le fait qu'un individu condamné, comme Battisti, en son absence n'aura, s'il finit par se livrer ou par être capturé, pas droit à un nouveau procès où il puisse, cette fois, s'expliquer.

Je sais, bien entendu, que cette règle est une règle ancienne qui n'a rien à voir avec les lois d'exception promulguées dans les années soixante-dix.

Je sais qu'elle résulte d'une tradition qui, à l'inverse de la France où l'on traîne, s'il le faut, les prévenus de force en cour d'assises, leur laisse le choix, s'ils le veulent, de ne pas se défendre eux-mêmes.

Et je sais surtout comment, en réponse à un arrêt de la Cour européenne des droits de l'homme stigmatisant ce principe ancien mais jugé, à juste raison, non conforme à la pratique judiciaire en vigueur dans les autres pays de l'Union, un décret-loi de février 2005 a proposé que ladite règle ne vaille que pour autant : 1. que le condamné ait eu « connaissance des poursuites engagées contre lui » ; 2. qu'il ait « renoncé de manière claire à son droit à comparaître » ; et 3. qu'il ait été « représenté par un avocat de son choix ».

Mais justement.

Outre que cet arrêt prouve bien que le régime italien de la contumace n'était pas conforme aux normes de la Cour des droits de l'homme de Strasbourg, outre qu'il donne raison à ceux des adversaires de l'extradition qui, tel François Bayrou, s'inquiétaient de ce qu'un homme puisse, en Europe, passer le restant de ses jours en prison sans avoir eu la possibilité de répondre des faits qui lui sont reprochés, il n'en pose que mieux la question de fond.

Cesare Battisti ayant toujours déclaré qu'il n'avait pas été informé des procès engagés contre lui, son avocat Giuseppe Pelazza ayant témoigné devant la chambre de l'instruction de Paris qu'il n'avait pas eu de contacts avec lui entre 1982 et 1991, ses avocats français d'aujourd'hui prétendant enfin, non sans arguments, que les documents produits par les juges et censés démontrer qu'il avait désigné, depuis le Mexique, ses défenseurs, étaient des faux, que se serait-il passé s'il avait été extradé ? que se passerait-il, maintenant, s'il était appréhendé et livré ? tomberait-il dans la catégorie heureuse des condamnés qui ont droit à un nouveau procès ? ou considérerait-on qu'il ment, qu'il a eu connaissance de tout, qu'il a défini lui-même, à distance, sa ligne de défense et qu'il n'entre donc toujours pas dans l'épure de la loi revue et corrigée ? Tant qu'une réponse claire n'aura pas été apportée à ces questions, je me réjouirai de ce que Cesare Battisti ait échappé à ses juges.

Car repenti plus contumace...

Un homme accusé sur la seule foi d'un ancien complice qui achète, en l'accusant, sa propre liberté – et un homme qui, s'il est rattrapé, n'a pas le droit élémentaire d'être confronté à son délateur...

Il y a là quelque chose qui ne va pas.

Il y a là une injure au sens commun à laquelle il est difficile de se résoudre.

Je ne demande pas le pardon pour Battisti : ces crimes, s'il les avait commis (ce qui, je le répète, reste à prouver), seraient des crimes terribles; et seuls les survivants, ou les ayants droit des victimes, seraient fondés à pardonner.

Je ne demanderais, dans cette hypothèse, même pas l'amnistie : encore que trente ans après... une démocratie ne peut-elle, trente ans après, quand un homme a refait sa vie, considérer l'hypothèse de l'amnistie? la France qui, quatre ans après, quatre ans! amnistia les criminels de l'OAS peut-elle vraiment se draper, sur ce point, dans la posture de l'intransigeance?

Je plaide juste pour un procès équitable, dépassionné, conforme aux principes du droit européen et du bon sens – je plaide, et c'est le sens de cette préface, pour que Cesare Battisti soit assuré de pouvoir faire face, en personne, à son passé et son destin.

Et puis il y a les questions, enfin, liées à l'histoire du terrorisme.

Car dire que le terrorisme n'a pas d'excuse ne veut pas dire qu'il n'a pas d'histoire.

Et tous les observateurs de la scène italienne, tous les témoins, les rescapés, tous ceux qui, comme Alberto Franceschini dans ses conversations avec Giovanni Fasanella (*Brigades Rouges*, éditions du Panama) ont commencé de nous livrer leur part de vérité, savent que, pour une histoire, ce fut une sacrée histoire : lourde; complexe; pleine, non seulement de bruit et de fureur, mais d'ambiguïtés, de chassés-croisés d'hommes et d'idées, de complicités vertigineuses – tous savent qu'il y eut là un nœud de causalités et de surdéterminations qui, même s'il ne change rien à la nature de ce qui s'est produit, même s'il n'atténue nullement la responsabilité personnelle de ceux qui prirent les armes ou exhortèrent d'autres à les prendre, fait, qu'on le veuille ou non, partie du tableau d'ensemble et doit être pris en compte si l'on veut, réellement, changer d'époque.

Le rôle des services secrets dans le déploiement de ce que l'on a appelé la stratégie de la tension...

La part, du côté de l'Etat, de la condamnation et de la provocation, de la résistance démocratique à la violence et de la décision, parfois, de la laisser monter pour mieux la réduire...

Les mystères de l'affaire Moro...

Ceux de la Piazza Fontana...

Le rôle trouble, du début à la fin de l'aventure, de certains éléments du Parti communiste italien...

Le mythe – dont nous sommes loin, hélas, d'être débarrassés – du « vrai » communisme et de la Révolution trahie mais ressuscitée...

L'autre grand mythe, si étrange, et dont nous eûmes, avec la Gauche prolétarienne, une version hexagonale, de la Résistance interrompue, avortée, renouée – l'hallucination, presque le délire, qui virent tant de jeunes gens, nés trop tard dans un monde qui n'avait pas eu le temps de vieillir (c'est-à-dire, en clair, de faire le deuil, tout le deuil, de ses illusions, de ses rêves inaboutis, de ses espoirs de rédemption, de ses crimes aussi), l'hallucination, donc, qui les fit, dès la fin des années soixante, s'instituer les héritiers des résistants de 1940 et de leur geste inachevée...

Ces histoires de pères coupables et de fils pénitents...

Ces caches d'armes, dans les montagnes, où d'anciens Partisans conduisaient de jeunes émules qui allaient – mais le savait-on? – si cruellement les bafouer...

Ces chrétiens aussi – tel ancien de l'Action catholique, tel ambassadeur itinérant du Vatican en Amérique du Sud – qui, au moment où Cesare Battisti et les siens s'enthousiasment pour Guevara, découvrent, eux, Camillo Torres, le prêtre guérillero colombien...

Les liens avec l'extrême droite...

Le nœud, oui, connivence et rivalité mêlées, avec des groupuscules fascisants du type d'Avanguardia nazionale : n'y a-t-il pas des magistrats qui croient, aujourd'hui encore, en l'existence d'une technostructure occulte, et jamais démantelée, qui aurait manipulé les deux terrorismes noirs et rouges ?

Qui a instrumentalisé qui ?

Qui, dans cette cacophonie, a soufflé quoi ?

D'où venait l'argent ?

Quels liens avec les services de l'Est ?

Avec les organisations palestiniennes radicales ?

Avec la RAF allemande ? l'IRA irlandaise ? l'ETA basque ?

Et Silvano Girotto, alias Frère Mitraillette ? Et Simioni, l'homme orchestre des Brigades rouges ? Et Cesare Mondini ? Et Vanni Mulinaris, alias Monsieur Louis ? Et Feltrinelli, alias Osvaldo, l'agent de La Havane et l'homme des liens avec ce que l'on appelait encore (autres temps ! autre monde !) le camp socialiste ? N'est-il pas, Giangiacomo Feltrinelli, l'un des personnages les plus troubles, les plus énigmatiques, les plus décisifs, de ces années ? Et quid de Günter, le mystérieux artificier Günter, qui était probablement là, dans les parages du pylône fatal, quand l'éditeur milliardaire s'est électrocuté et dont nul, bizarrement, n'a plus jamais entendu parler ? Et Paris ? On nous rebat les oreilles avec le Paris de la doctrine Mitterrand et de l'époque où le terrorisme avait déjà entamé son reflux : mais que ne nous parle-t-on de la plaque tournante que fut Paris au pic des années de plomb ? que ne fait-on le procès, au lieu du lampiste Battisti, de l'Institut Hyperion, cette soi-disant école de langues, officiellement basée à Paris, et dont le général della Chiesa croyait, au moment de sa mort, qu'elle était le vrai QG stratégique clandestin des organisations terroristes opérant en Italie ? Tous ces hommes ont disparu. Morts, ou juste disparus. Mais comment, sans eux, raconter l'aventure ? Comment, sans retrouver leur trace, donner une image juste de ces années ? Que vaudrait une histoire du terrorisme où Cesare Battisti tiendrait le premier rôle et d'où serait absent un Giangiacomo Feltrinelli ?

Alors rien, bien sûr, ne devrait, en théorie, empêcher de faire les deux.

Il faudrait, idéalement, se mettre en situation de juger et les premiers et les seconds rôles.

Mais ce n'est pas ce que l'on fait.

Et j'observe que la façon dont on procède, cette façon de prendre un homme, d'en faire une sorte de monstre, de lui coudre dans le corps tout le paquet de crimes de son organisation et, de proche en proche, du terrorisme en général, est le plus sûr moyen de ne pas raconter, vraiment, toute cette histoire – tragique, complexe, pleine de doubles fonds, de leurres, de cadavres dans les placards, de fausses évidences, de vrais coupables et d'innocents professionnels échangeant leurs crimes et leurs mobiles.

Qu'on le pende et qu'on n'en parle plus, disaient, à en croire Gershom Scholem dans un échange avec Hannah Arendt, ceux qui voulaient faire d'un grand et fameux procès des années soixante le point final du travail de remémoration et de deuil.

Les crimes imputés à Battisti ne sont pas, loin s'en faut, des crimes contre l'humanité. Et, de ces crimes eux-mêmes, des meurtres du gardien de prison Santoro et du policier Campana, il est, je le redis une dernière fois, parfaitement possible qu'il soit innocent. Mais dans la diabolisation dont il est l'objet, dans le ton sur lequel on nous dit « qu'on l'extrade et qu'on en finisse! qu'on le mette en prison et qu'on tourne enfin la page! », il y a quelque chose de la même logique oublieuse et perverse.

Je crois, moi aussi, qu'un homme qui a fauté doit payer sa dette à la société (encore que ce genre de règle ne devrait pas connaître d'exception et que l'on s'étonne de voir les assassins – membres d'un groupe d'extrême droite – de la Piazza Fontana bénéficier, eux, d'une clémence dont il n'est pas question pour Battisti).

Mais je crois que cette dette-là ne peut ni ne doit s'acquitter au détriment de l'autre dette, non moins essentielle, et non moins impayable, qui est la dette de vérité (et dont chacun sent bien qu'elle est en train, en Italie comme en France, de passer aux pertes et profits de ce que l'on nous présente, déjà, comme le solde des années de plomb).

C'est un autre principe.

Et c'est une autre raison, la dernière, de préfacer un livre qui, par le récit minutieux qu'il nous donne de l'histoire des Prolétaires armés pour le communisme, contribue, lui, au moins, à ce travail de vérité.

Dira-t-on que cela fait beaucoup de principes pour un seul homme ?

Et pour un homme dont, de surcroît, les « braves gens » de la grande presse ne cessent de nous seriner qu'il n'est pas particulièrement sympathique ?

Eh bien oui.

Précisément.

Car les principes ne se divisent pas.

Ils ne font, surtout, pas acception de personnes.

Et je dirai même, pour être tout à fait franc, qu'aurais-je douté, aurais-je hésité à préfacer ces pages, aurais-je été tenté de me dérober, de passer discrètement mon tour, aurais-je été, tout simplement, requis par d'autres urgences, qu'il y a dans la façon même dont on me répète, partout, « les principes, d'accord ! mais pas là ! pas lui ! pas cette sale tête de sale type ! » quelque chose de franchement nauséabond qui aurait, je crois, fini de me convaincre.

Défendre un principe quand l'affaire est incontestable et le héros flatteur, je l'ai maintes fois fait et c'est facile.

Défendre le même principe quand la cause est difficile, que le héros n'a ni « bonne tête » ni « bonne presse », et que vous sentez, par-dessus le marché, que sa vision du monde et la votre demeurent aux antipodes, voilà qui est plus difficile mais, selon moi, non moins nécessaire.

Que vaudraient les principes de cohérence du Droit (en France), de présomption d'innocence et de responsabilité personnelle d'un condamné par contumace (en Italie), que vaudrait (dans nos deux pays, donc en Europe) le principe d'historisation nécessaire des grandes déraisons collectives, que vaudrait la loi, hélas jamais démentie, qui veut qu'en ces matières l'amnésie soit mère de la répétition et que la production d'un bouc émissaire ouvre toujours, nécessairement, la voie au retour compulsif des fautes dont on se décharge en les lui imputant, que vaudraient ces régularités et ces règles si elles devaient ne pas résister à l'épreuve du miroir que leur tend ce galeux, ce pelé, cet infréquentable Battisti – que vaudraient des principes qui, en un mot, se révéleraient incapables de soutenir l'éclat de l'inquiétant, terrifiant, mais passionnant récit que l'on va lire ?

B.-H.L.

Le silence des ombres

La cavale est un trop-plein de liberté dont on ne sait que faire. C'est marcher sur la pointe des pieds dans les rues bondées ou respirer tout doucement dans la nature de peur de réveiller les insectes. La cavale, c'est le temps qui passe sans effleurer le fuyard, qui voit tout et ne touche à rien. Alors le fuyard parle tout seul pour entendre le son de sa propre voix, il va faire des courses dont il n'a pas besoin. Juste pour faire la queue comme tout le monde et pouvoir dire à la caissière : bonjour, combien ça fait, merci, au revoir. N'ayant pas de saint à qui téléphoner, le fuyard cultive sans relâche l'amour de la peur.

C'est ainsi qu'à travers la vitre embuée de ma fenêtre je voyais passer les semaines et les mois, sans jamais parvenir à empoigner un seul instant pour l'arracher au temps de la cavale et me l'approprier. Jusqu'à cette nuit où l'ombre que j'étais, effrayée par les battements d'un cœur, se réveille et se découvre un corps, en tâte la consistance douloureuse et lourde. Lourde du poids des sentiments que j'avais laissés à Paris. Le lendemain, je me procurai un cahier et un stylo.

Ecrire pour ne pas me perdre dans le brouillard des journées interminables, la tête enfouie sous un coussin, me répétant que ce n'est pas vrai. Que ce n'est pas moi, cet homme que les médias ont transformé en monstre puis réduit au silence des ombres. Qu'il ne peut s'agir que d'un personnage de roman, un de ces coriaces qui cherchent à s'imposer et détruire le récit qu'on est en train d'écrire. Personnages qui entraînent l'auteur loin de ses propos, qui prennent une vie autonome, qui veulent s'approprier l'histoire. Je leur ai couru trop souvent derrière au fil de mes livres pour ne pas les reconnaître. Et je sais qu'il n'est pas facile de les rattraper. Je refais donc le chemin à l'envers, je reviens sur Paris, je me raconte.

Il y a eu et il y aura d'autres moments dans ma fuite. Il y a des visages et des événements que je veux arracher à l'inconsistance brumeuse de ces longues journées et garder en moi pour toujours. C'est pour cela que j'écris. Tout cela ressemble à un journal intime. J'ai toujours eu horreur des journaux intimes.

Soudain, je me rends compte que je suis en train d'écrire en français, pour la première fois. Il m'est déjà arrivé de rédiger de petits textes dans une autre langue que l'italien, mais il s'agissait toujours de quelque obligation, de paperasses administratives, ou d'une lettre à un ami. Jamais il ne m'est venu à l'esprit de commencer un récit en français. L'explication viendra peut-être après. Ou il n'y a rien à expliquer, il y a bien un début à tout.

Si je raconte ma cavale, c'est par pure nécessité. C'est mon unique moyen de tenir le coup. Comment m'y prendre ? Je ne veux pas y penser et je songe plutôt à Hemingway lorsqu'il dit – je cite grossièrement : « La prose est architecture. Comment est-il possible de trouver une bonne géométrie pour un roman quand le meilleur de l'écriture refuse la construction ? »

Il ne faut pas prendre cela comme une promesse. Je vais paraphraser les mots de l'inégalable Hemingway en remplaçant « le meilleur de l'écriture » par « le meilleur des sentiments ».

I

EST-CE AINSI QUE LES HOMMES JUGENT ?

1. L'adieu aux armes

Aujourd'hui, je ne suis plus à Paris, et j'écris avec cette langueur propre aux beaux souvenirs. Mais si je gratte un peu l'écorce encore tendre de ces mois passés, j'ai le sentiment de pouvoir y retourner à tout moment, de descendre au matin pour prendre mon café express au bar-tabac d'en face. J'aimerais tant m'attarder sur cette image, quitter un instant la désespérance de ma cavale pour m'asseoir dans ce bar, retrouver Paris en le racontant encore. Mais il me semble qu'il est indispensable de dire d'abord comment j'en suis venu là, à nouveau réfugié et en fuite, vingt-cinq ans après les « années de plomb » italiennes. D'expliquer mon engagement dans la lutte armée des années 70, au sein du groupe des PAC, les « Prolétaires armés pour le communisme ». Mais aussi d'explorer les rapports politiques et les liens amicaux que j'ai entretenus avec l'un des chefs et des fondateurs de ce groupe, Pietro Mutti. Cet homme qui fut mon camarade et devint mon bourreau, cet homme dont le faux témoignage, intervenu en mon absence, me coûta la peine de prison à perpétuité. Pietro Mutti, le personnage clef de mon drame.

Je n'ai jamais tué.

Je suis coupable, comme je l'ai dit souvent, d'avoir participé à un groupe armé à but subversif et d'avoir porté des armes. Je n'ai jamais tiré sur personne.

Mes premiers contacts avec ce groupe de lutte armée eurent lieu en 1977, un an après sa fondation. Je venais de la Jeunesse communiste. Avec une famille comme la mienne, c'était inévitable. Mon grand-père avait fêté la naissance du Parti communiste italien. Mon père, qui sortait chaque dimanche avec son œillet à la pochette, nous attirait l'inimitié de tous les notables à cinquante kilomètres à la ronde. Quant à mon frère aîné, doté d'un stock inépuisable de chemises russes, il avait fini par se faire élire sur la liste du Parti, au poste, je crois, d'adjoint aux Travaux publics. Je n'avais pas dix ans que je hurlais déjà dans le haut-parleur de sa voiture : « Gouvernement voleur ou fascistes rats, votre place est dans les égouts. » Enfant, j'aimais bien tout cela. Mais ce que je ne supportais pas, c'était le portrait de ce « Moustachu », Staline, accroché au mur de la salle à manger. Encore petit, je croyais que c'était l'effigie d'un saint et je m'en méfiais. Avec ma mère, si croyante, une telle concession n'était pas à exclure. Lorsque je fus en âge de comparer les comportements de ma famille, pas très communistes, et ce Staline présent à tous les repas, je me décidai à décrocher sa gueule et à la faire passer par la fenêtre. Un acte capital, il faut le croire, mais au lieu de penser à ses terribles conséquences, je me souviens surtout de ma surprise en découvrant que, derrière Staline, le mur était tout blanc et non pas grisâtre comme partout ailleurs.

J'entérinai ma rupture avec le Parti communiste et avec l'entêtement stalinien de ma famille en participant aux manifestations de « Lotta continua ». Cette organisation d'extrême gauche était déjà si puissante à l'époque que leur quotidien tirait à 50 000 exemplaires. C'était à la mode, chez les jeunes gens, de le glisser dans la poche arrière du pantalon, en laissant soigneusement dépasser le titre. J'étais alors étudiant dans une petite ville de province, à une demi-heure de

Rome, ville fondée par Mussolini lui-même en 1934. Dans ce champignon petit-bourgeois poussé au milieu de la plaine Pontine, la timide opposition de gauche ne pouvait que suivre les directives du Comité central du PCI.

Les communistes, aveugles au profond changement d'ère qui s'exprimait à travers le « mai 68 » italien, avaient fait du Parti une île dans l'Etat, lui-même livré à une intense corruption. C'était le PC à l'italienne qui, dans l'impossibilité de siéger au gouvernement, avait accepté de se compromettre pour partager le pouvoir. Ce choix ne fit qu'accroître le déchirement d'un peuple placé sous l'emprise des puissantes organisations criminelles. Ces organisations à caractère mafieux, présentes dans les enclaves même des institutions, n'hésitèrent pas à organiser des tentatives de coups d'Etat pour écraser la rébellion grandissante, avec la complicité de l'ancien fascisme, jamais exclu du pouvoir. Quant à la réaction des communistes à l'explosion des années 70, elle n'aurait pu être pire. Leurs interventions agressives prenaient des proportions dramatiques et caricaturales. J'ai connu d'anciens militants communistes – et il y en eut beaucoup d'autres – qui, à entendre leur Parti s'exprimer de la sorte, déterrèrent les armes de la Résistance pour les remettre aux groupes qui s'équipaient. Et écrivant cela, je les entends se récrier, ces impérissables staliniens recyclés dans l'actuel centre-gauche italien. C'est ainsi qu'apparurent en masse les nouveaux déshérités du PCI, qui préparèrent le terrain pour une « nouvelle voie révolutionnaire ». Ils rejoignirent les hordes des contestataires, jeunes misérables des campagnes nouvellement débarqués dans les villes, et jeunes bourgeois en rupture avec leur propre classe. De cette triple rencontre allait naître la vague de violence politique qui submergera l'Italie, et le cercle vicieux des réponses de l'Etat, de la CIA, du Parti communiste, de l'extrême gauche, de l'extrême droite, des organisations mafieuses. C'est l'anomalie italienne. Bombes lancées sur les manifestants, armée dans la rue, tirs à bout portant, organisations secrètes, coups d'Etat manqués, attentats, exécutions sommaires. Ce drame sanglant, ce sont les années 70, dites « de plomb ». Ces années qui ont fait des centaines de morts d'un côté comme de l'autre de la « barrière ».

Mais avant cette phase dramatique du conflit, l'ambiance était stimulante et heureuse, et l'engrenage vers la grande violence n'était pas perceptible. Nous étions très nombreux, avec pas mal de filles, et si par accident se profilait un jour sans manifestation, on inventait aussitôt un motif pour en improviser une. Révolté non armé, je m'amusais encore. J'en apprenais plus en un jour de rue qu'en dix ans d'école. Et puis, nos professeurs n'étaient-ils pas avec nous? Drôle de situation qui nous faisait nous bagarrer avec les services d'ordre de la Jeunesse communiste. Une fois, je me suis retrouvé face à un ancien camarade, de qui j'avais été très proche. Nous nous sommes regardés un instant, prêts à nous lancer l'un sur l'autre. Puis il a jeté son manche de pioche et nous nous sommes embrassés comme deux vieux frères.

Après la rue, ce furent les squats. Depuis que j'avais envoyé le portrait du Moustachu aux orties, rentrer chez moi n'était pas convenable. On s'y retrouvait tous, il n'y avait pas encore beaucoup de différences politiques au sein de la révolte. Du moins, pendant le jour. Ma première fiancée, mon premier pétard, mon premier tract, ma première maison, tout cela, c'était le squat. Mais quand les discussions interminables s'essoufflaient, quand le bruit des rotatives cessait et que les flirts allaient se couronner sous les portails des rues voisines, la nuit noire et silencieuse devenait le domaine des militants de l'« Autonomie ouvrière ». Un sigle qui courait d'un bout à l'autre du pays et dont très peu savaient en quoi il pouvait bien consister. Une seule chose nous paraissait claire chez eux : au lieu d'agir et de se taire, comme il était coutume, ils revendiquaient haut et fort le droit à l'illégalité. Car dans ces organisations démunies, force était de se procurer de l'argent pour la machine à écrire, le papier, le téléphone, la nourriture. Ma petite amie en faisait partie. J'appris alors que les Autonomes n'étaient pas tout à fait comme les autres. Des têtes de délinquants – comme la mienne d'ailleurs – mais avec un discours cohérent, des argumentations intelligentes. Ils étaient jeunes et vieux, riches et pauvres, hétéros et homos, racailles et intellectuels. Avec eux, gauche et droite appartenaient au passé, ils semblaient les prototypes d'un monde qui venait de naître. Des fous, sujet nouveau, terrible et fascinant. Je les aimais. Avec eux, je participai aux « réappropriations prolétaires » : une définition qui nous permettait d'embellir d'une connotation politique les vols et les petits braquages, cet autofinancement non revendiqué mais massivement pratiqué par les milliers de jeunes insurgés, autonomes ou non, qui déferlaient alors dans les rues d'Italie. Ces vols me conduisirent en prison. J'y rencontrai d'autres militants qui, eux, avaient fait depuis longtemps le choix des armes.

Le but de ce développement n'est pas de dérouler le curriculum vitae d'un militant. Il me semblait simplement important de dire mes sentiments lors de ma rencontre avec le mouvement des Autonomes. Moment qui a marqué à jamais ma vie, et qui explique à lui seul mon engagement suivant avec les PAC [1].

Je ne me souviens plus de ma première rencontre avec Pietro Mutti, ni du lieu. Le contact avec un membre de ce nouveau groupe a certainement été établi en prison. Depuis que j'avais lancé le portrait de Staline par la fenêtre, j'avais déjà essuyé plus de deux ans de cellule pour « réappropriations prolétaires ». Au cours de cette période, j'avais rencontré beaucoup de prisonniers politiques de diverses organisations. Nous étions solidaires, mais leurs propos étaient à des lieues de ce qui nous animait dans notre petit squat. Parfois, pendant nos conversations en promenade, tous ces « prisonniers de guerre » et leurs doctrines me rappelaient désagréablement le carré de mur blanc que Staline avait laissé derrière lui dans la salle à manger de mes parents.

1. Le groupe des PAC, « Prolétaires Armés pour le Communisme » fut fondé en 1976 et dissous en 1979. Avec des centaines d'autres collectifs, sigles ou organisations créés tout au long des années 70, il fait partie de la galaxie informelle de « L'Autonomie ouvrière », très différente, dans ses structures et ses objectifs, de l'organisation armée des Brigades rouges (NDE).

Suite à un transfert d'une prison à une autre, je rencontrai un militant qui parlait une autre langue. Un peu alambiqué, ce gars, mais je retrouvais dans ses discours des choses que disaient aussi mes amis, de manière beaucoup plus limpide. Je n'aimais pas trop ce type. On eût dit un curé exalté, un missionnaire allumé à la fois enfiévré et glacial. Mais il semblait avoir compris des choses et, surtout, il n'était pas seul. Cela chauffait dur dehors, j'allais bientôt sortir, et j'avais envie de lutter.

A mon retour, le squat n'existait plus. Il avait été démoli, et les copains aussi. Deux ou trois étaient tombés sous les balles des fascistes et des policiers, plusieurs étaient en prison, et d'autres, dont mon ancienne petite amie, étaient passés à la clandestinité. Ceux qui restaient étaient dévorés par la drogue. « Sais-tu, me dit un ami aux bras meurtris, que pendant longtemps ici on ne pouvait plus trouver une miette de shit, pas même à prix d'or ? Alors des mecs du Sud sont apparus dans les quartiers, les écoles et les centres sociaux, et ils ont distribué de l'héroïne à la pelle. Laisse tomber, mon pote, soupira-t-il après m'avoir demandé un billet, il paraît que c'est pareil partout. A Rome, à Milan, c'est la merde. » J'étais rentré chez moi, j'y trouvai un désert. Je partis.

A Milan, il neigeait, et ceux qui vinrent me chercher à la gare avaient encore toutes leurs dents et l'air sympathique. Ils ne parlaient pas comme un dictionnaire, n'avaient aucune mission à accomplir sinon, disaient-ils, celle de « tenir à distance la canaille qui les empêchait de vivre ». Je me sentis renaître, j'aurais voulu que mes camarades du squat soient encore là pour les entendre.

Peu à peu je fis connaissance avec les autres membres du groupe des PAC. La plupart d'entre eux avaient fait directement le saut de l'Autonomie ouvrière à la lutte armée. Ce groupe qui, parmi une centaine d'autres, avait fait le choix des armes dans la deuxième moitié des années 70, faisait partie de cette constellation de rebelles plus ou moins organisés qui refusaient d'être pris en tenaille entre un Etat souvent meurtrier, déchiré par des conflits intestins, et l'écrasante opposition stalinienne. J'étais fasciné par les discours des membres des PAC sur une « nouvelle composition sociale », où le centralisme ouvrier n'était plus l'incontournable moteur révolutionnaire. Certains avaient déjà de l'expérience, venant d'autres organisations armées qu'ils avaient quittées par refus des principes mao-léninistes dominants. Mais aussi parce qu'ils contestaient la hiérarchie verticale des partis et la séparation de la théorie d'avec l'action. Pour eux, la ligne de démarcation entre travail manuel et travail intellectuel n'avait pas lieu d'être, et qui ne se salissait pas les mains n'avait pas droit de parole. Leurs maîtres à penser n'étaient plus les intouchables de la révolution d'Octobre, mais plutôt Horkheimer, Marcuse, Sartre, Foucault, Deleuze, Guattari, Baudrillard. Je ne connaissais pas encore ces textes, mais je compris vite que tout cela s'accordait avec mon refus de l'ordre et de la hiérarchie, héritage de mon éducation familiale religieusement stalinienne.

Sur ces nouvelles bases théoriques, les PAC voulaient se différencier des autres groupes en refusant l'appellation d'« organisation ». Ils étaient seulement un sigle, représentatif de principes « nouveaux ». Au nom de ce sigle, n'importe quel inconnu pouvait agir, sans limites géographiques et en toute autonomie. Nous étions un mot d'ordre, dont pouvait s'emparer tout sujet révolutionnaire qui refusait la doctrine de la prise du pouvoir, comme on l'entendait à l'époque. Si bien qu'une action signée « PAC » pouvait très bien avoir lieu à des centaines de kilomètres de Milan sans que nous en connaissions jamais les auteurs. Des noyaux se formaient ici et là sous son nom, étrangers les uns aux autres. En très peu de temps, les PAC devinrent la référence des collectifs de quartier et des travailleurs du tertiaire. En revanche, les organisations classiques à langage militaire nous appelaient par dérision les « baba-foucaldiens ».

Pietro Mutti était un personnage éminent du groupe mais, au début, je ne le voyais pas souvent, et il m'adressait peu la parole. Il participait rarement aux réunions. Il faisait les trois-huit chez Alfa-Romeo, où il était l'un des leaders du comité syndical autonome. Ce statut l'exposait à la surveillance de la police et à l'animosité du syndicat communiste. Pietro Mutti avait donc de bonnes raisons pour réduire à l'indispensable ses contacts avec nous, mais ce n'était pas son seul motif pour se tenir au large. Je sentais qu'il m'évitait. A chacune de nos rencontres, il y avait quelque chose dans l'air. Comme cette fille et ce garçon qui savent qu'ils vont finir ensemble mais qui retardent au maximum ce moment. Je ne fais pas allusion à l'homosexualité, mais je ne trouve pas de comparaison plus illustrative pour expliquer cette gêne qui générait une atmosphère insolite. Embarras qui aiguisait par ailleurs le sens de l'humour qui ne faisait certainement pas défaut à la compagnie des PAC.

Ils se connaissaient tous et moi, qui venais d'arriver, je ne saisissais pas leurs codes. Ils ne cherchaient pas à se moquer de moi, à ironiser sur le petit nouveau débarqué du Sud, mais ils avaient vécu leur vie et moi la mienne, mêmes mots mais autres costumes. Les incompréhensions politiques se discutaient, nous étions là pour cela aussi; les différences culturelles se respectaient, ce n'était pas donné mais faisable; les caprices de l'intime nous occupaient beaucoup aussi, mais il n'y a que l'intimité pour les comprendre. Et l'intime n'était certes pas le sujet préféré de Pietro Mutti. Il parlait réduction du temps de travail, participation de l'entreprise à la création d'espaces culturels, démantèlement des antres du travail au noir, cassage de gueule du directeur des HLM, et ainsi de suite. Rien à dire, tous d'accord, avec plaisir. Il y avait aussi la question de l'argent, que quelqu'un souleva un soir. Silence. Chaque fois qu'on abordait le problème financier, fini de rire. Ils auraient volontiers attaqué le commissariat, mais se mettre en quête d'argent les faisait carrément suer et moi davantage. C'était tout de même à cause de ce foutu argent que j'avais fait deux ans de taule. A la seule idée de remettre cela, j'en avais froid dans le dos. Pietro Mutti flaira ma peur, le salaud. Pour la première fois, il leva les yeux sur moi.

Nous passâmes la fin de cette soirée dans un restaurant et une bonne partie de la nuit dans un bar à vins. Pietro Mutti avait une bonne descente, je faisais de mon mieux. Nous parlâmes de tout, sauf d'argent. Le lendemain, je me réveillai dans son lit. Il était parti au travail, les draps avaient l'odeur d'une femme.

Après quelque temps, nous partageâmes les soirées au bar mais aussi, parfois, le même lit et la même fille. A l'époque des années 70, cela n'avait rien d'extraordinaire, et ce n'était même plus, en apparence, un sujet digne de conversation. Qui s'en serait offusqué aurait paru un attardé. Je n'avais rien contre, je passai de la théorie à la pratique, je n'avais eu qu'un pas à faire. Le vin abolissait mes réticences et le lit était assez grand pour trois. C'était sa femme, ils étaient mariés depuis deux ans. Il voulait un enfant, mais elle non, pas question, c'était une anarchiste, une vraie, quelle idée de mettre au monde une victime, seul un communiste comme lui pouvait, mon pauvre amour, imaginer une chose pareille. Elle était résolue, dans sa voix comme au lit. Exactement le contraire de son mari. Ces partages de lit furent occasionnels, et le fait ne se produisit pas plus de deux ou trois fois. En dehors de ces circonstances précises, elle et moi aurions pu passer toute une journée dans la même pièce sans être effleurés par l'idée du sexe. C'était étrange mais sans embarras, limpide des deux côtés.

Mais naturellement, je me faisais des idées, je cherchais des explications moins théoriques et moins nobles à leur étrange comportement. Ils étaient amoureux, cela ne faisait pas de doute. J'avais même compris la raison du ton agressif qu'elle adoptait parfois. Elle ne supportait pas que son mari l'écarte de ses activités clandestines. Sa réaction de militante féministe suffisait-elle à expliquer le partage du lit? Non, il ne s'agissait pas d'une vengeance, et ce n'était pas elle, mais lui, qui l'avait cherché. La bisexualité n'était-elle pas après tout une autre reconquête à faire après deux mille ans d'obscurantisme religieux? Bien, ils avaient certainement leurs raisons pour agir ainsi, mais l'essentiel pour moi était que, hormis quelques signes incertains, pas une seule fois Pietro Mutti ne manifesta ouvertement l'intention de me baiser. Et moi, je me demandais s'il fallait l'admirer ou culpabiliser. Rien qu'une pensée, qui ne m'empêcha pas de faire l'amour avec sa femme en sa présence. Certes, son manque total de jalousie ne cessait de m'intriguer mais, je le répète, c'était l'époque et je cherchais surtout à être à la hauteur.

« Être à la hauteur » ne fut pas un jeu d'enfant. Avant d'arriver jusqu'au lit de sa femme, il fallut se regarder les yeux dans les yeux jusqu'à en crever. Il fallut que je lui ouvre mon dernier tiroir pour qu'il puisse explorer une par une toutes ces gueules de squatters que je gardais dans l'âme. Et je ne savais comment lui dire que, pour moi, et même dans son regard, c'était encore cela, les PAC, et qu'il aille se faire foutre avec ses histoires de violence et ses théories fumeuses, selon lesquelles seul l'Etat pouvait être coupable de violence parce qu'il en avait le monopole, tandis que la nôtre ne serait pas « violence » mais seulement « résistance ». Cela, c'était peut-être juste, mais qu'il le garde pour son comité car moi, ce n'était pas ce que je décelais dans ses grands yeux de fils de pute.

Si grand était l'effort de Pietro Mutti pour se transformer en ce militant responsable qu'il avait choisi d'être, qu'il bégayait pendant les réunions. C'était un fait, Gilberto était boiteux et Mutti bégayait, ainsi l'avait voulu la nature et on n'y pouvait rien. Mais quand Pietro Mutti se libérait de son masque, ses mots devenaient un écoulement de douceur. Il était une autre personne.

Pietro Mutti devenait mon ami et aussi mon référent au sein du groupe. Il était comme moi issu d'une famille modeste, avait connu la galère, la rue, les bagarres, la haine et l'impuissance. Grâce à l'activisme politique, il avait vaincu sa toxicomanie. Il voulait se battre, mais le pouvoir ne lui inspirait que mépris. Cela méritait bien un verre.

Le premier d'une longue série. L'action ne nous détournait pas de notre objectif, vivre d'abord chacun en harmonie dans notre propre milieu social. Dans un premier temps, les membres des PAC furent les bien-aimés des mamans des quartiers les plus démunis. Quant aux armes, elles demeuraient dans leur cachette. On ne les sortait que lorsqu'on nous provoquait à l'extrême. Deux sur trois ne fonctionnaient pas, et c'était une chance que les flics ne s'en doutent pas.

Puis les choses se précipitèrent. Nous étions en 1978, des militants de tous bords affluaient et se radicalisaient; dehors, des gens mouraient. Mes divergences avec certains membres des PAC éclatèrent dans la seconde moitié de cette année-là.

Quand on nous annonça l'assassinat d'Aldo Moro, le 9 mai 78, je n'y crus pas. Personne ne voulait y croire, cela nous semblait impossible. Ce fut une immense secousse. Avec cette exécution affreuse, les Brigades rouges déclaraient la guerre à l'Etat, exposant ainsi le mouvement, dans toutes ses expressions de lutte, à une répression sans discrimination qui allait faire des dizaines de morts et plusieurs dizaines de milliers d'arrestations. Abasourdis par un tel aveuglement politique, et soucieux d'échapper à l'étau Brigades rouges/Etat, les militants appartenant aux autres formations engagèrent aussitôt un débat serré sur la suite à donner à la lutte armée. Les PAC, déjà en profond désaccord avec les stratégies du type « Prise du Palais d'Hiver », ne firent pas exception. Même si la structure particulière de notre regroupement ne facilitait pas une prise de position ferme et unique – le sigle étant né sur le refus de la forme « Parti » et du centralisme démocratique —, nous arrivâmes à un accord de principe entre les différentes cellules : *Oui à la défense armée, non aux attentats entraînant mort d'homme.*

Avec le recul, il me paraît évident qu'un pareil compromis était bien trop fragile pour éviter les dérapages. Mais, étant donné le climat de violence répressive et la corruption généralisée des institutions, je ne sais pas si, à cette époque, nous aurions pu parvenir à mieux. Je crus sur le moment que ce mot d'ordre protégerait le groupe comme un bouclier.

Clandestin parmi beaucoup d'autres, je

m'accrochai. Ce qui ne devait pas se produire arriva durant l'été 78, lorsqu'un noyau des PAC revendiqua l'assassinat d'un commandant de prison [1], « coupable de tortures et de détournements de fonds publics ». Cet événement brutal, qui associait soudain le sigle des PAC, jusqu'ici sans tache, à l'action meurtrière, provoqua une fracture profonde au sein du groupe. Il nous divisa en deux clans. Les uns acceptaient le sang versé comme une fatalité issue du combat, les autres le refusaient quelle qu'en soit la cause. Ma décision était arrêtée. J'avais déjà eu tout le temps de réfléchir à l'évolution de la lutte armée. En pleine guerre froide, l'Italie restait un satellite américain. Les agents de la CIA, surtout depuis l'assassinat d'Aldo Moro, assistaient aux interrogatoires des prévenus et participaient activement aux sessions de tortures. Mais ce n'est pas la peur de tomber dans leurs mains qui m'avait fait changer d'idée. C'était la vision nette d'une voie sans issue. C'était ce sang versé que je n'avais jamais voulu, d'un côté comme de l'autre. Et puisque ce mot d'ordre protecteur – « *Non aux attentats entraînant mort d'homme* » – n'avait protégé de rien, c'était non tout court aux armes.

Avec une partie des militants de la première

1. Antonio Santoro, 6 juin 1978, à Udine (NDE).

heure, je décidai alors de tourner la page et de renoncer définitivement à la lutte armée. Nous ne voulions pas seulement quitter le groupe, nous voulions aussi y mettre fin. Alors commencèrent les problèmes avec mon ancien camarade Pietro Mutti.

Nous venions de déboucher une bouteille de blanc quand je lui annonçai mon désir de dissoudre les PAC. Ce n'était pas la première fois que j'abordais ce sujet et je n'imaginais pas déclencher une pareille scène. Peut-être avais-je ce jour-là un air plus solennel. Il réagit avec une rage inouïe. On aurait vraiment dit un de ces couples où l'on parle chaque jour de séparation mais où l'un, quand arrive le moment véritable de la rupture, réagit comme si c'était la dernière chose à quoi il s'attendait. Pietro Mutti resta un long moment figé sur place. Puis il jeta son verre au sol et, couvrant son visage de ses mains, il m'accusa de trahison. Moi, lui, ce qu'on avait vécu ensemble, comment pouvais-je lui parler ainsi ? Moi, comment pouvais-je abandonner à leur destin les autres camarades en clandestinité, sans possibilité de retour à la vie normale ?

Je lui répondis que ma situation n'était pas différente de la leur, et que ce n'était pas une raison pour poursuivre une lutte qui avait déjà largement dépassé les limites. Ce jour-là marqua la fin de notre complicité. Complicité qui avait peut-être empêché des militants plus virulents, qui se multipliaient entre-temps un peu partout, de commettre le pire. Nos routes se séparèrent et je quittai les PAC.

Une vraie dissolution des PAC était malgré tout impossible à mettre en œuvre, en raison de sa structure même. Comme je l'ai dit plus haut, ce n'était pas une organisation classique mais un sigle que chacun pouvait s'approprier. Et l'on ne peut pas dissoudre un sigle, sinon par usure progressive de petits groupes et par abandons individuels. Le sigle a continué à exister, je crois bien, jusqu'au printemps 79. Avec plusieurs actions commises en son nom, dont trois meurtrières. A cette période, moi et beaucoup d'autres qui avaient quitté les PAC depuis fin 78, nous tâchions de subsister, cachés dans un appartement. Pour les anciens militants des groupes, armés ou non, qui commençaient à errer par milliers à travers l'Italie, il était impossible de reprendre la vie ordinaire sous peine de se faire aussitôt arrêter. Nous n'avions d'autre choix que la clandestinité ou la prison, et nous ne savions pas pour combien de temps. Je ne veux pas jouer l'ange car, après mon départ des PAC, je demeurais donc par force un clandestin armé, sans organisation, et je devais survivre, avec les autres qui surnageaient comme moi dans les conditions du fuyard privé de logistique.

Je tombai au début de juin 1979, au cours d'une vaste opération antiterroriste menée dans le nord de l'Italie. Je ne me rappelle pas combien d'ex-PAC furent pris dans le coup de filet. Nous fûmes quelques dizaines, me semble-t-il, tous depuis longtemps inactifs. Dans l'appartement où nous vivions alors, la police ne trouva aucun document de revendication ou d'incitation à la lutte armée. La balistique prouva que, parmi les armes confisquées, aucune n'avait été utilisée pour un crime de sang. Aucune d'ailleurs n'avait jamais tiré un seul coup de feu, fût-ce en l'air. Elles étaient vierges. Quoi qu'en dise un certain procureur, qui s'acharna et se ridiculisa par des déclarations qui désoleraient un lecteur de science-fiction. Pendant tout ce temps, je n'avais plus eu l'occasion de rencontrer Pietro Mutti. Le bruit courait qu'avec une poignée de fidèles il avait intégré Prima linea, la très grande organisation armée présente sur tout le territoire national.

J'étais en prison, dans un de ces établissements dits « prisons spéciales », où l'Etat avait enfermé plusieurs milliers de militants. Ils nous appelaient « les terroristes ». En prison toujours quand, en 1980, Giorgio, mon frère aîné, mourut dans un accident du travail. J'appris sa mort avec trois mois de retard, car le procureur – toujours le même – avait bloqué les télégrammes que m'envoyait ma famille ainsi que les permis de parloir. Ce même procureur qui, vingt-cinq ans plus tard, allait envahir la presse française dans l'affaire de mon extradition et être tant écouté par les journalistes. Quand j'eus enfin droit au parloir, je vis arriver ma sœur. Il y avait une vitre entre nous, et les interphones ne marchaient pas. Les visites étaient si rares et si difficiles que je m'appliquais toujours à plaisanter pour la rassurer sur mon sort et faire en sorte qu'elle reparte le cœur léger. D'ordinaire, j'y parvenais. Mais cette fois-ci, elle éclata en sanglots, me demandant comment je pouvais débiter autant de conneries après ce qui était arrivé à Giorgio. Elle ne savait pas que j'ignorais la nouvelle, que le procureur n'avait pas jugé digne de m'être transmise. Ce fut un choc effroyable. Si on m'avait alors planté un couteau dans le corps, pas une goutte de sang n'en serait sortie. C'est pendant ce parloir que je fus emmené de force et transféré à un millier de kilomètres de là. Mûrit alors en moi la certitude que, pour nous, la loi était suspendue, et qu'il n'y avait plus rien à en espérer. La mort de mon frère qu'on m'avait volée me marqua à jamais. Ce fut l'élément déclencheur de mon projet d'évasion.

Par la suite, d'autres épisodes allaient venir consolider ma décision.

A la fin de l'année 1980, la plus violente répression s'abattait sur l'Italie. Je ne vais pas revenir sur l'état d'urgence, la suspension de certains articles de la Constitution, les exécutions sommaires. Tout cela est connu. Mais à cette période, la panique avait gagné notre milieu carcéral et rongeait le cœur et la tête des détenus, même des irréductibles qui n'osaient pas l'avouer. Moi, j'étais terrorisé par les soudaines disparitions de prisonniers. Cette nouvelle trouvaille semait l'effroi parmi nous. C'était terrifiant. En apparence, il n'y avait pas de logique dans cette sélection. Cela pouvait tomber sur n'importe qui. Ce n'était pas le comportement du détenu ni la gravité de son affaire qui déterminait le choix du sujet. Hier il était à la promenade, et le lendemain, soudain, il avait disparu.

Certains réapparaissaient deux ou trois mois plus tard, dans un état psychique épouvantable. Les autres, on ne les revoyait plus. Jusqu'au jour où ils ressurgissaient quelques minutes dans une salle de tribunal, vêtus de leurs nouveaux costumes de « repentis ». Puis, leur travail achevé, on ne savait plus rien d'eux.

Pour la première fois de ma vie, j'ai su ce que c'était que d'avoir vraiment la trouille : celle de finir encagoulé dans une de ces villas au sous-sol fourmillant de *carabinieri*[1].

Je n'en dormais plus la nuit. J'avais réussi à faire part de mes inquiétudes à mes amis encore en liberté. Une poignée d'individus isolés, qui avaient pris depuis longtemps leurs distances avec la lutte armée. Ils ne disposaient donc d'aucun moyen pour me faire évader. D'ailleurs, comment s'évader d'une prison spéciale contrôlée par l'armée, occupée par des blindés équipés de mitrailleuses ?

L'occasion d'être transféré dans une prison plus ordinaire, où l'évasion devenait possible, me fut donnée par un juge d'application des peines. Une femme qui, malgré tous les obstacles ministériels, osait encore faire son boulot de magistrat, même au sein des prisons spéciales. J'étais à Cuneo, dans un établissement qui ne devait en principe abriter que les terroristes coupables de meurtres. Je ne sais pourquoi cette magistrate prit la peine de feuilleter les

1. Gendarmes italiens (NDE).

registres, mais elle découvrit que je n'avais aucune raison d'être là. J'étais condamné pour « appartenance à bande armée », et jamais je n'avais été suspecté pour les homicides des PAC. Les policiers le savaient pertinemment et ne m'avaient jamais interrogé sur ce point. Cette magistrate me convoqua. Nous parlâmes, elle vérifia, et fit une demande de transfert à laquelle le ministère ne prit pas la peine de répondre.

La magistrate s'entêta, et obtint l'application d'une loi que tous, avocats compris, considéraient comme anéantie par une situation juridique d'exception devenue désormais ordinaire. La volonté de cette femme allait provoquer ma « déclassification ». C'est-à-dire que je passai du bureau 12, sous contrôle du ministère de la Défense, au bureau 3, qui relevait de la compétence normale du ministère de la Justice. Avec cet acte, les autorités certifiaient que je n'étais pas un détenu dangereux et que je n'avais pas « entraîné la mort par des actes de terrorisme ». Le document qui l'atteste devrait dater, dans mes souvenirs, de mai ou de juin 81.

Evidemment, mon infatigable procureur jura qu'il ferait tout pour que cette décision soit révoquée. Il me fallait donc agir vite. La prison de Frosinone où j'arrivai n'était pas non plus une maison de repos. Mes amis, dépourvus de moyens et inquiets de ce qui arrivait aux prisonniers, prirent alors la décision de demander de l'aide à mon ancien camarade et futur accusateur, Pietro Mutti.

A cette date, l'organisation Prima linea n'existait plus. Pietro Mutti était devenu le chef des derniers actifs de cette organisation, qui avaient pris le nom de COLP. Je n'ai jamais su ce que désignait ce nouveau sigle. J'appris par la suite que les pourparlers entre mes amis, qui refusaient tout compromis avec la lutte armée, et l'irréductible Pietro Mutti, avaient été très difficiles. Enfin, il avait accepté, après avoir consulté ses anciens chefs. A l'époque, ils étaient tous emprisonnés et eux aussi en désaccord avec cette poursuite insensée de la lutte armée.

Je savais que, de l'intérieur des prisons, les anciens de Prima linea approuvaient mon évasion, escomptant qu'une fois dehors je convainque Mutti et ses COLP de déposer les armes. Naturellement, ce n'était pas là le programme de Pietro Mutti. Lui voulait, à travers cette action, reconstruire sa crédibilité politique pour relancer la lutte. Il tablait sur ma dette de reconnaissance pour que je reste à ses côtés jusqu'à sa dernière cartouche.

Vint le 4 octobre 1981. Ce jour, un groupe formé à parts égales de mes amis et de militants des COLP, et guidé par Pietro Mutti lui-même, me sortit de prison sans commettre aucune violence physique contre le personnel de surveillance. Au point que la presse nationale dut reconnaître la pondération dont les assaillants avaient fait preuve dans une opération pourtant hasardeuse.

Au cours de la semaine qui suivit mon évasion, je restai caché dans un sous-sol d'un immeuble de Rome. C'étaient les COLP qui disposaient de la logistique, c'étaient donc eux qui décidaient de mes mouvements dans l'immédiat. Je passais mon temps à ressasser le discours que j'entendais tenir à Pietro Mutti, à affiner les arguments que les détenus m'avaient inlassablement répétés en prison, anciens des PAC et d'autres organisations qui voulaient mettre fin à l'action politique armée. C'était ma « mission » et, pour cela, on m'avait offert cette grande chance de la liberté.

Une fois par jour, quelqu'un passait pour s'occuper de ma nourriture et de mes vêtements. C'étaient des jeunes, filles ou garçons, qui dépassaient rarement vingt ans. Je garde le souvenir net de l'un d'entre eux, qui m'avoua avoir à peine dix-sept ans. Aujourd'hui encore, chaque fois que je pense à lui, j'ai les larmes aux yeux. Quelques mois après, il allait être arrêté et sauvagement torturé. Il y croyait à fond, n'envisageait rien d'autre que la révolution, et peut-être voyait-il en moi un de ceux qui pouvaient l'emmener jusqu'au bout de son rêve.

Mon avant-dernier contact avec Pietro Mutti eut lieu dans ce sous-sol. Il y arriva un jour, seul, l'air crevé. Avant même de s'asseoir, il me demanda de participer à une action prévue pour le soir même. Je ne me souviens plus de quoi il s'agissait, une absurdité sans doute. J'ai pris le temps de respirer et j'ai commencé à déballer mon discours. Je lui citai tous les propos des hommes que j'avais rencontrés en prison, et qu'il connaissait tous. Je lui parlai de moi, de lui, de nous tous, de la raison qu'il fallait retrouver pour sauver des vies et l'honneur de ceux qui étaient déjà en cellule pour des dizaines d'années. Lorsque je n'eus plus de mots, je fus très surpris de lire de l'approbation dans son regard. Je n'y croyais pas. En larmes, il me dit que tout cela était vrai, que c'était la fin, qu'on s'était fait avoir par la voie des armes. « Mais tu les as vus ? » ajouta-t-il avant de ranger ses armes dans ses poches. « Ils n'ont pas plus de vingt ans, ils nous ont crus. Et aujourd'hui, tu me demandes une fois de plus de les laisser tomber, après qu'ils t'ont tiré de taule ? Que vais-je faire d'eux, hein ? Toi et les autres qui avez tout compris, le savez-vous ? » Il jeta un paquet de cigarettes sur mon matelas et s'en alla.

Il revint quelques heures après. Et ce fut la dernière fois que je le vis. Cette fois, il était accompagné par cinq ou six filles et garçons. Ils avaient l'air d'un soviet en expédition punitive. Pietro Mutti s'allongea à même le sol, laissant la parole aux autres.

Je ne vais pas m'étendre sur ce triste moment. A les entendre, mes arguments étaient des hérésies, mon comportement méritait un « redressement » et j'avais de la chance qu'« eux ne soient pas des fachos ». J'étais un sale traître, et c'est tout. En réponse à l'une de mes répliques, une fille particulièrement virulente me jeta un cendrier en plein visage. Durant tout ce temps, Pietro Mutti ne prononça pas un seul mot. Avant de s'en aller, il m'informa que quelqu'un viendrait me chercher le lendemain pour me conduire à la gare. En sortant, il cracha par terre.

Il est évident que Pietro Mutti avait de sérieuses raisons de m'en vouloir. Je l'avais lâché en 78 et, à présent, j'avais carrément trahi les espoirs qu'il avait nourris en me libérant de prison. Mais je pense aussi que Pietro Mutti était surtout à bout de forces. Peut-être ne cherchait-il pas en moi un complice en armes mais une épaule sur laquelle poser ses peines et, surtout, avec le temps, un responsable pour dissoudre son groupe, parce que lui-même manquait du courage nécessaire pour le faire.

Quand il fut arrêté plusieurs mois plus tard, en 1982, j'étais loin. Après avoir quitté ma cachette romaine, j'avais passé les Alpes à pied durant l'automne 81, et rejoint la France. Ce pays était à l'époque une terre de promesses et des centaines d'entre nous y avaient déjà trouvé asile. Nous apprîmes l'arrestation de Mutti par la presse. Il était tombé avec sa cellule au complet. Ils furent tous torturés, y compris ce garçon de dix-sept ans dont j'ai déjà parlé.

Que certains services spéciaux de police pratiquent la torture était chose déjà reconnue par des organismes internationaux. Son usage était très fréquent au cours des interrogatoires. Mais cette fois-ci, les conséquences sur les prévenus furent telles que même ceux qui ne voulaient pas savoir crièrent au scandale. Il cxiste sûrement des documents sur ce fait précis, car je crois bien que, pour la première fois, il fut avéré qu'on avait eu recours à la torture chimique.

Et Pietro Mutti l'irréductible se mua en un des plus célèbres « repentis ». Ce qu'on nomme les « repentis » des procès italiens des années 80 n'a rien de commun avec le « repentir » d'un chrétien qui vient se confesser à l'église. Ce statut juridique fut créé par les lois spéciales de cette période, pour les « tribunaux d'exception » chargés de mettre fin à l'insurrection de l'extrême gauche, à n'importe quel prix. Ces fameux « repentis » sont des accusés qui monnayaient leur peine en échange de dénonciations, en accord avec la magistrature, désireuse de régler ses milliers de dossiers par tous les moyens et de désigner des coupables, vrais ou faux. J'indique ici brièvement que les tribunaux d'alors étaient tenus par des hommes du PCI, qui théorisèrent et appliquèrent une terrible répression, en accord avec le gouvernement dirigé par la Démocratie-chrétienne. L'implication des communistes dans les formidables dérives judiciaires des années de plomb permet de comprendre pourquoi, aujourd'hui, le « centre-gauche » italien, directement issu de l'ancien PCI, est un des partis les plus acharnés contre les anciens réfugiés.

Ces repentis, une fois livrés à l'Etat, se recrutaient paradoxalement parmi les irréductibles les plus acharnés d'hier. Le plus souvent ils étaient torturés, jusqu'à ce qu'ils renient leur cause politique et promettent leur collaboration. En échange, et suivant le nombre de dénonciations et de services rendus, ils obtenaient une réduction de peine ou la liberté, une nouvelle identité et quelques millions en poche pour recommencer une autre vie ailleurs. Plus les repentis donnaient de noms, plus ils avaient des chances d'obtenir leur liberté. Avec un tel système, on imagine aisément la masse de mensonges qu'essayaient d'inventer les repentis, parfois si peu plausibles que les juges eux-mêmes devaient les rappeler à l'ordre. Ils furent véritablement les pièces clefs de ces quantités de procès fleuves de l'époque, construits autour de leurs déclarations ahurissantes et menés souvent sans défense. Les perpètes tombaient alors comme de la pluie sur les absents, et il n'y avait pas d'abri possible.

Pietro Mutti, qui était menacé de la prison à vie, fut un redoutable repenti. Il accusa à tout va, et ce fut lui qui me chargea des quatre homicides des PAC. A cette époque, les tribunaux condamnaient sans preuve. Ce sont seulement les mots de Mutti, et ceux de ses amis « dissociés », qui me valurent ma condamnation à perpétuité en mon absence. Les « dissociés » étaient des accusés qui gagnaient eux aussi un fort allégement de peine s'ils acceptaient de confirmer les déclarations d'un repenti. Beaucoup d'ex-PAC vinrent ainsi corroborer les accusations de Pietro Mutti. Quant à moi, après un an passé en France, j'avais quitté le pays pour atterrir au Mexique, en 1982. Pendant toute la durée de mon exil, je n'eus pas un seul contact avec l'Italie, pas un seul contact avec ma famille ou mon avocat. Privé de toute information – et d'ailleurs je n'en cherchais pas –, j'étais très loin de me douter que des procès se déroulaient contre moi en Italie [1]. Je ne l'appris que neuf ans plus tard, à mon retour en France à la fin de l'année 1990, comme j'appris que Pietro Mutti, après des années de service auprès des tribunaux, avait été libéré et avait disparu.

Ce qui m'intéresse ici, c'est l'étrange comportement de Pietro Mutti dans son « repentir » et ses accusations contre moi. Il faudrait avoir le temps et l'envie de lire la tonne de procès-verbaux pour évaluer la quantité de versions différentes et contradictoires qu'il fournit, toujours au même infatigable procureur. Tout d'abord, il faut souligner que Pietro Mutti, même livré aux exigences machiavéliques de ce procureur, tenta maladroitement de respecter deux règles basiques du militant : donner le temps à ceux qui restaient libres de prendre le large, en accusant ceux qui ne

1. De 1982 à 1990 (NDE).

faisaient pas partie des COLP, et c'était mon cas. Ensuite, épargner dans la mesure du possible les plus jeunes et les plus proches, en accusant ceux qui étaient déjà hors d'Italie. Là encore, j'étais le sujet idéal.

Mais, des repentis, il y en avait des quantités, qui essayaient de gagner des réductions de peine par tous les moyens. Tant et si bien que les déclarations successives des uns et des autres ne concordaient pas. Pietro Mutti m'accusait de tel fait, puis il était démenti par un autre repenti qui s'accusait lui-même, ou bien en dénonçait un autre. C'est ainsi par exemple qu'en cours d'instruction et pendant plusieurs mois je me retrouvai accusé de l'exécution matérielle de deux assassinats commis à la même heure à 500 km de distance! Bien sûr, le bon procureur allait faire le ménage et bien régler les choses : il me transforma en organisateur du premier et en exécuteur du second.

Ce double assassinat[1], l'un exécuté à Milan et l'autre dans une ville de Vénétie, ville dont j'ignorais l'existence même, je devais en réalité l'apprendre par la presse. Ce fut une secousse terrible que de lire que le fils de Torregiani, un

1. Lino Sabbadin, 16 février 1979, à Caltana Santa Maria de Sala ; Pierluigi Torregiani, le même jour, à Milan (NDE).

jeune garçon, avait été blessé au cours de l'attaque. On sut que l'enfant avait été touché par une balle de son père et non pas par les agresseurs, mais cela ne changea pas grand-chose à mes yeux. C'était tout de même le résultat d'une action, menée par un groupe de quartier autonome qui avait signé « PAC », et j'étais atterré. Ce drame, je n'y étais pour rien, mais il reste un de mes plus sombres souvenirs. C'est aussi par les journaux que j'appris avec mes camarades l'attentat contre l'agent de police [1] à Milan, le quatrième homicide revendiqué par les PAC. C'était peu de temps avant mon arrestation, et je me souviens qu'un policier me dit, en riant à cette idée, qu'il aurait fallu que je porte des talons de vingt centimètres de haut pour atteindre la taille de l'agresseur.

Pietro Mutti fournit aux magistrats tant de versions, constamment contredites par d'autres repentis, qu'on alla jusqu'à le menacer de lui retirer sa protection et de l'envoyer en prison aux côtés des ex-camarades qu'il avait dénoncés. Ce qui équivalait à une condamnation à mort. Pietro Mutti m'a tant chargé qu'aucun magistrat honnête, qui prendrait le temps d'examiner ses décla-

1. Andrea Campagna, 19 avril 1979, à Milan (NDE).

rations, ne croirait une seconde à ce fabuleux empilement de mensonges.

Si je pouvais être jugé, je pourrais exposer tous ces faits et me défendre. Dans tous les pays d'Europe, la loi prévoit que les condamnés en leur absence – jugés « par contumace » –, s'ils sont pris ou s'ils se livrent, ont droit à un nouveau procès, afin qu'ils puissent s'expliquer en personne devant leurs juges. Mais pas en Italie, où le « contumace » est directement conduit en prison pour effectuer sa peine, sans aucune voie de recours. Si la France acceptait de m'extrader vers l'Italie, j'étais aussitôt condamné automatiquement à y purger une peine de prison à vie, qui ne reposait que sur les seules accusations folles de Pietro Mutti. Voilà pourquoi la justice française ne pouvait pas m'extrader, car sa loi sur la protection des contumaces est incompatible avec celle de l'Italie. Et pourtant la France m'extrada, m'acculant à la cavale.

2. L'arrestation

Ma relation avec Paris a duré quatorze ans. Et cela me fait tout bizarre de devoir en parler aujourd'hui au passé. Elle a débuté le jour où j'y ai connu la mère de mes enfants, jusqu'à cet instant où j'ai dû m'en aller malgré moi. C'est si peu pour cette ville universelle, si peu que mon rapport avec elle ressemble plus à un pèlerinage.

Paris a toujours été pour moi pierres sur pierres incrustées d'histoire, passages et jardins à regarder sans cesse différemment. C'était beau de vivre à Paris et de l'admirer sous ses lumières diverses, avec les yeux de l'éternel étranger que j'étais. C'était dur aussi, parfois, d'accepter ses prix, son rythme, son ciel souvent gris. Mais c'était Paris et j'aimais cette ville qui avait fait de moi un homme tout entier. A Paris, même quand je m'unissais à la grogne générale, je me sentais au fond un privilégié. J'y étais un pèlerin à vie, mais avec la chance d'avoir une adresse, un travail tombé du ciel, une famille et des amis. J'ai vraiment cru que c'était ma ville.

Paris, c'était aussi mes voisins de palier. Comme madame et monsieur C. Lui était un homme âgé, un grand marcheur qui ne supportait pas la toute récente nécessité d'une canne et qui fumait la pipe dans l'ascenseur. Dans l'immeuble, cela sentait le tabac, mais personne ne protestait parce que j'étais le concierge et que monsieur C., avec sa grande culture, méritait bien une petite exception à la règle. Cet homme, je le porte dans mon cœur. Il connaissait l'histoire du IXe arrondissement et de la ville tout entière. On discutait beaucoup tous les deux. Il ne contestait jamais mes argumentations farcies d'idéalisme. Il assistait à ma maladresse avec son sourire bienveillant, certainement plus efficace que les répliques aiguisées qu'il réservait aux autres. D'ailleurs, mes argumentations n'étaient que de petites provocations, simplement destinées à engager la discussion. J'aimais l'écouter. Il parlait toujours avec ce ton modeste qui fait la différence entre qui a vécu la vie et qui prétend en savoir plus. Il nous apprenait, à moi et à M., le parcours compliqué de ces petits passages qui vont d'un arrondissement à un autre, qui permettent de découvrir les beautés enfuies, à l'abri des gaz d'échappement. Longtemps après sa mort, mon amie et moi refaisions ces parcours. Nous nous arrêtions à chaque vitrine pour regarder les marchandises d'un Paris qu'on croyait disparu et qui résistait encore. Comme monsieur C., toujours là, avec son cigare, et sa canne qu'il n'acceptait pas. Salut mon ami, on n'est jamais loin quand il y a du cœur.

Paris, c'était les visages essoufflés et le plaisir dans le regard de mes enfants montant au sixième étage par l'escalier de service. C'était notre étage, le dernier avant le zinc du toit. Un labyrinthe de pièces minuscules, autrefois réservées aux bonnes épuisées, et maintenant enclave d'une poignée d'amis, colocataires indifférents au tapis rouge de l'escalier principal. J'y pense tous les jours, à ce palier « toutes portes ouvertes », comme nous aimions le dire. Chacun de nous avait un double des clefs de l'autre. Au fond du couloir, avec notre ami le théâtreux, le voisin d'en face, nous avions improvisé une minuscule bibliothèque commune, qui comprenait les titres les plus curieux que madame C. nous avait permis de choisir parmi les monceaux de livres que son mari lui avait laissés.

Souvenirs de ce petit monde du sixième étage

où mes filles couraient derrière le chat, passant d'un appartement à l'autre sans avoir à frapper aux portes. C'était comme cela que je voyais Paris. Même dans les circonstances actuelles, je ne l'imagine toujours pas autrement. D'ailleurs, ma fille aînée occupe mon ancien logement. Et madame C., je ne la vois pas déménager ailleurs. Le théâtreux, ainsi que beaucoup d'autres amis, a forcement perdu ma trace et je lui demande pardon. Mais je suis certain que les livres de monsieur C. sont toujours en place et que les pots de thym et de basilic, que M. avait posés un peu partout, ne manqueront jamais d'eau.

Cette ville est en moi. Je pourrais me la raconter en dilatant ses contours d'un bout à l'autre de la France. Mais je ne parviens pas à y placer les réfugiés italiens. Pourtant, ils y demeurent depuis si longtemps que, si l'on tentait de les en décrocher, les murs de la ville s'en iraient avec eux. Ils sont à présent mélangés à l'histoire, incrustés dans les pierres de Paris.

Mais, hormis trois ou quatre réfugiés à qui je suis lié par une amitié qui dépasse de bien loin l'ancien militantisme, j'ai soudain ressenti une réticence à parler d'eux à cœur ouvert, comme je l'avais tout naturellement fait jusqu'ici. Cela viendra peut-être plus tard. Lorsque je serai sûr de ne pas transformer ce récit en une biographie de plus des années 70.

J'allais prendre mon café, le mardi 10 février 2004, lorsque les policiers de la Direction nationale antiterroriste me braquèrent dans le hall de mon immeuble.

Je pensai d'abord à une erreur de personne. Même après qu'ils m'eurent menotté et dit que c'était bien moi qu'ils cherchaient, je n'y croyais toujours pas.

J'avais laissé mon ordinateur allumé. Je ne descendais jamais avant d'avoir relu la page de la veille et ajouté à la hâte quelque ligne qui me servirait de relance pour la suivante. Je le faisais toujours, pour le cas où je croiserais un locataire qui me distrairait avec un problème d'ampoule grillée ou je ne sais quoi d'autre. Habitudes de semi-concierge semi-écrivain. L'ironie du sort voulait qu'à ce moment j'écrive un roman sur l'enfermement.

Ils étaient nombreux et costauds. J'ai d'abord cru à des athlètes venus chercher un compagnon qui habitait l'immeuble. Apparemment, ils ne me connaissaient pas. Nous nous interrogions des yeux. Je faisais mon boulot de concierge, eux étaient là pour exécuter le leur.

— Messieurs, vous cherchez quelqu'un ?

Ces mots résonnent encore à mes oreilles chaque fois que me prend l'envie d'un café. Je ne peux m'empêcher de penser que si, au lieu de leur poser cette question, j'avais tracé tout droit dehors, ils auraient enfoncé la porte de la loge avant de monter au sixième. Cela n'aurait rien changé à la suite des événements mais j'aurais eu le plaisir de boire en paix mon dernier express.

Ma question ne faisait pas de doute, le ton était bien celui d'un concierge. Pourtant, ils hésitaient encore. Puis ils me neutralisèrent avec la fermeté requise pour la prise d'un terroriste. J'étais docile et ils abandonnèrent les manières fortes. Nous montâmes au sixième. Ils voulaient voir mes papiers, ils n'étaient toujours pas certains de ne pas s'être trompés de cible. Au moment de sortir, je regardai avec angoisse ma page affichée sur l'écran. Je n'étais pas sûr d'avoir sauvegardé mon texte et je demandai à leur chef de le faire. Il s'y connaissait et accomplit rapidement toutes les opérations nécessaires avant d'éteindre l'ordinateur. Il eut également une petite attention. Il décrocha ma veste pendue à la porte d'entrée et la posa sur mes épaules pour que les locataires ne voient pas mes menottes.

Durant le parcours que notre convoi de voitures effectuait à grande vitesse, mon Paris s'effondra tout entier.

J'avais déjà vécu la même expérience, vingt-cinq ans plus tôt, en Italie. Une arrestation ressemble de près à une agonie. La mort n'est pas loin, on la voit venir tout droit sur soi, et l'on s'efforce désespérément de la repousser. Alors on songe à des détails dénués de sens, bien éloignés de ces dernières grandes pensées qu'on prête aux moribonds. Il n'y pas de regrets ni de larmes pour la douleur, seulement cette sensation de course qui va finir, et de millions de visages qui défilent et dont on n'a que faire.

Mais cela, c'était il y a longtemps et dans des circonstances très différentes. Alors qu'ici nous étions à Paris. Ce qu'ils étaient en train de faire, d'autres policiers l'avaient fait avant eux, de la même manière et pour les mêmes raisons, quatorze ans plus tôt. Et la justice française avait alors refusé mon extradition vers l'Italie, par deux arrêts définitifs. Entre-temps, aucun fait nouveau n'était intervenu. Ce deuxième voyage en menottes ne pouvait donc pas être une nouvelle course contre la mort.

Convaincu d'être victime d'une erreur, je gardais mon calme tout en réfléchissant à la page que j'aurais écrite sans cet empêchement. Pendant que nous traversions le IXe arrondissement, je me rappelle même avoir pensé que ce qui m'arrivait pouvait, qui sait, donner un coup de fouet à ma prose, que j'allais sûrement reprendre le lendemain. Le thème de l'enfermement s'y prêtait bien.

J'ai commencé à douter lorsque le convoi, au lieu de se diriger vers la Cité, prit vers le VIIIe arrondissement. Ce n'était pas le chemin pour le Quai des Orfèvres, où je m'attendais à passer quelques heures, le temps que l'équivoque soit éclaircie. Nous arrivâmes Place Beauvau, au ministère de l'Intérieur. Mon cœur s'arrêta net. Soudain me revenait en mémoire ce qui était arrivé à Paolo Persichetti.

Cet Italien, réfugié en France depuis des années et enseignant à l'université de Saint-Denis, avait été littéralement kidnappé dans la rue deux ans plus tôt et déporté en Italie en quelques heures. Il était en prison depuis.

Les policiers, qui semblaient jusque-là exécuter un travail de routine, remarquèrent ma pâleur et me serrèrent aux côtes. Ce n'était plus le même voyage. En montant les escaliers du ministère, je regardais à travers une fenêtre les toits de l'autre côté de la rue. Je disais adieu à Paris.

La mort est l'extrême, comme peuvent l'être parfois la chaleur ou le froid. Si l'on accepte le climat extrême au lieu de le combattre, il peut passer à travers notre corps sans laisser de traces. Dans le bureau, où plusieurs hommes aux visages consternés me gardaient comme s'ils veillaient un mort, je repensais à ces mots prononcés par un vieil ami mexicain. Je pensais à cela et à plein d'autres choses encore. Je ne recevais que de belles images. Un gros paquet d'amour qui me suivait partout et qui, même dans la plus infâme des cellules italiennes, m'avait aidé à aimer davantage et, surtout, à ne pas baisser la tête.

Inquiets de mon calme retrouvé, les hommes qui veillaient le mort appelèrent leur chef. C'était un moustachu corpulent, à l'air pas trop méchant. Sans comprendre pourquoi ses subalternes l'avaient dérangé, il me lança tout de même un avertissement :

— Vous ferez moins le malin quand vous serez en Italie. Perpète, ça vous dit quelque chose ?

Je ne répondis pas. « Perpète. » Jusque-là, ce mot avait provoqué en moi plus d'incrédulité que de crainte. Quand j'avais appris ma condamnation, quatorze ans plus tôt, j'avoue n'y avoir pas attaché tellement d'importance. Je n'imaginais pas qu'un juge, ou un homme de droit quelconque doté d'un peu de bon sens, puisse un jour prendre au sérieux de tels procès et une telle sentence. Mieux que cela, vingt-cinq ans après les faits, et l'état d'urgence étant clos depuis longtemps, je croyais impensable que les autorités italiennes aient jamais le front d'affirmer la légitimité des jugements incroyables de cette époque.

Le temps s'écoulait dans les bureaux de la Place Beauvau, mais pas si lentement qu'on se l'imagine. Chaque minute de plus que je passais en France était pour moi une miette d'espoir. Si j'arrivais à informer un ami, dehors, de ce qui m'arrivait, j'avais une chance qu'il glisse un grain de sable dans la machine. Gagner du temps. Miette après miette, les heures tournaient, et une certaine nervosité commençait à s'installer, dans une ambiance de coups d'œil et de pas silencieux. Soudain, il y eut du mouvement d'un bureau à l'autre. Il y avait de l'agitation dans l'air. Un truc clochait, je le sentais, quelque chose ne collait pas avec ce qui était prévu.

Un gars en costume Armani entra dans la pièce. Le visage livide, il me demanda tout de même si j'allais bien. J'aurais voulu lui répondre oui, mais les miettes d'espoir s'étaient agglomérées en une grosse boule qui m'entravait la gorge.

Avec l'espoir revint la peur. Ce n'était peut-être pas la fin. Mais il me fallait lutter pour m'arracher au cercueil, avec le risque d'y retomber et n'avoir plus assez de souffle pour accepter l'extrême, comme le disait l'ami mexicain.

Je ne pouvais empêcher Paris de revenir petit à petit dans mon cœur. Je me mettais à penser à mon chat, à la gamelle du matin qu'il n'avait pas eue. A ma fille Charlène qui, à 16 h 30, sortirait de l'école, regardant à droite et à gauche parce que j'avais promis d'aller la chercher. A l'entrevue que j'avais prévue chez moi avec une journaliste, à la vaisselle sale, à mon lit non fait. A tout ce qu'il y a de plus con quand on a les mains menottées dans le dos et la perpète en face.

En ce moment même où je me raconte, je ne suis toujours sûr de rien. Je risque donc de dire une bêtise mais je garde l'impression que l'homme politique très haut placé qui avait organisé cette opération policière, tout à son affaire avec l'Italie, s'y connaissait en droit autant que moi. Par la suite, il rattrapa son retard, au prix de quantités de contorsions pour tourner la loi.

Vers deux heures de l'après-midi environ, le chef de l'équipe qui m'avait arrêté revint nous trouver. Un dossier sous le bras et l'expression contrariée, il annonça à ses collègues : « Allez, on y va. » Je les regardai un par un, cherchant sur leurs visages une réponse aux battements de mon cœur. Sans espoir de réponse, j'osai quand même poser la question :

— Où ?

Le chef se retourna lentement vers moi. Il me dévisagea et, en cet instant, j'eus l'impression qu'il en voulait plus à ses supérieurs qu'à moi.

— Au dépôt, répondit-il en me tournant le dos.

J'étais aux anges. Un jeune policier s'en aperçut et, tout en me poussant vers la sortie, s'empressa de remettre les choses en place.

— Y a pas de quoi se réjouir. Vous ne savez pas ce que c'est que le dépôt, ni ce qui vous attend.

J'étais trop immergé dans mon rêve parisien pour prêter attention à cette menace. Je venais de quitter le cercueil. Mes pieds touchaient à peine le sol pendant que je descendais les escaliers, traversais la cour et me laissais de nouveau fourrer dans la voiture. Dépôt ou non, j'étais toujours chez moi. Et puis, je connaissais déjà la « souricière ». Un lieu sordide, puant et si grouillant de cafards qu'il était impossible d'y fermer l'œil. Cafards ou pas, c'était toujours Paris, avec un procureur, un avocat, peut-être aussi la prison. Mais prison voulait dire procédure, ce qui était pour moi d'une importance vitale. Il pouvait toujours parler, le jeune flic. Moi, je ne quittais pas Paris. Pour l'instant.

Le trajet jusqu'au Quai des Orfèvres ne fut pas à proprement parler une promenade. La compagnie n'était pas idéale mais j'avais le dos bien calé contre le siège, avec un sourire laconique qui ne plaisait pas au chauffeur. Il me foudroyait du regard dans le rétroviseur et conduisait comme un sauvage pour me ballotter, sachant qu'à chaque coup de frein et de volant, mes menottes se serraient un peu plus sur mes poignets. Ce n'était rien. Au contraire, cela me confortait dans l'idée qu'ils étaient loin d'en avoir fini avec moi.

Mis à part les clochards qui se font arrêter exprès pour gagner une place au chaud, je crois que je fus le seul à entrer d'un pas triomphal dans le souterrain nauséabond du dépôt. Lorsqu'on connaît l'attitude à tenir, les formalités d'hébergement sont rapides. Mais ceux de l'Antiterrorisme exigeaient une surveillance ininterrompue devant ma cellule. Cela prit une bonne demi-heure de discussion, aucun personnel n'étant disponible pour un tel service. Finalement, on dénicha deux costauds qui furent postés devant ma grille. Et je pus alors me masser les poignets, enfin libérés des menottes.

L'attente dilate le temps, débloque les pensées. Idées et images qui rebondissent d'un mur à l'autre et reviennent dans la tête mêlées des souffrances des milliers d'autres hôtes qui, avant moi, avaient griffé de leurs ongles les parois de cette cellule, inscrivant leurs noms et parfois ceux de leurs enfants. Le dépôt, c'est fait pour cela, étourdir le prévenu, le mettre à genoux devant un substitut du procureur qui, Dieu sait quand, viendra enfin le questionner.

On a beau se répéter « je connais déjà tout cela », il suffit d'y passer quelques heures et nul n'échappe au vertigineux effet d'incertitude, puis au manque d'énergie qui annihile toute concentration. Seule demeure l'apathie et, avec elle, débutent les instants les plus lugubres.

Dans mon attente, je passai de l'euphorie d'avoir échappé à une déportation immédiate à une nouvelle préoccupation. Avaient-ils vraiment raté leur coup ou bien existait-il un contrat politique calculé dont tout ceci n'était que la première étape ? Jusque-là, je n'avais pensé qu'à moi. Mais que se passait-il pour les autres réfugiés ? Il y en avait parmi nous qui étaient juridiquement beaucoup plus mal placés que moi. Etaient-ils à côté, dans d'autres cellules ?

Je quittai brusquement ma banquette et tendis l'oreille pour surprendre un mot d'italien dans le silence asphyxiant de cette galerie. Mes deux plantons se levèrent d'un seul mouvement et je repris placidement ma place. Je cherchais à me convaincre qu'un ratissage général n'était pas possible. J'aurais remarqué d'autres mouvements au ministère et plus d'affolement à mon arrivée au dépôt. Je n'avais rien vu de cela. Mais alors, pourquoi moi ?

J'appuyai mes poings contre mes tempes et je serrai fort pour arrêter le tourbillon de mes pensées. Ne pas tomber dans le piège du chaos et m'accrocher aux conséquences palpables et plus immédiates de mon arrestation. Je pensai aux journaux du lendemain. Allaient-ils publier ma photo dans les faits divers ? Cela ne plairait pas à Valentine, ma fille aînée. Elle avait horreur de cela, les photos. Quand ses amis lui montraient ma tête dans les pages culturelles, elle ne le supportait pas.

Valentine me ressemble. Elle a hérité de mon

caractère et pas toujours du meilleur. Elle est pudique au point qu'à l'école elle préférait dire que son père était R-émiste plutôt qu'écrivain. Je me souviens d'une de ses professeurs qui m'interpella un jour, déconcertée d'apprendre par la presse que le père de son élève était romancier. Valentine avait passé des années à oublier les raisons pour lesquelles elle avait dû quitter son pays natal, le Mexique, au point de ne plus vouloir en entendre parler. Et voilà qu'à la veille de ses vingt ans, le père « terroriste » allait lui retomber dessus. Pour Charlène, c'était différent. Elle était trop petite pour en subir les conséquences. Pour elle, tout cela n'était que préhistoire.

Je pleurai quand on ouvrit la grille. Le juge m'appelait dans son bureau.

Le substitut du procureur avait une tête plutôt sympathique. Au premier coup d'œil, nous avions compris que nous ne pouvions rien l'un pour l'autre. Je me trompe peut-être, mais il semblait ne pas croire un mot de ce qu'on lui avait dit sur ce terrible terroriste dont il devait signer la mise en détention. Nous restâmes un long moment silencieux puis, avant que l'un de nous deux ne risque d'éclater de rire, il posa la main sur le dossier en soupirant.

— Franchement, j'ai passé plusieurs heures là-dessus et je n'ai rien compris.

— Et alors ?

— Et alors je ne peux que vous envoyer à la Santé. Ensuite, votre avocat s'en occupera.

— Je peux l'appeler ?

— Je m'en occupe. C'est maître De Felice, n'est-ce pas ?

— Et maître Irène Terrel, s'il vous plaît.

— Oui. Ne vous inquiétez pas.

L'entretien était clos. Mais, ne serait-ce que pour retarder de quelques secondes mon retour dans la cellule fétide, j'avais des questions.

— Donc, dis-je en pointant mon doigt sur le dossier, vous dites que vous n'y comprenez rien mais vous m'envoyez tout de même en prison ?

Amusé et surpris que je ne puisse pas comprendre cela, il fit un signe de tête affirmatif. J'insistai.

— A votre avis, est-il possible en France de juger deux fois un même homme pour les mêmes faits ?

— Il faut croire que oui. Je suis désolé, monsieur Battisti.

J'ai vraiment eu l'impression que cet homme était sincère. Le fait qu'il ne soit pour rien dans cette affaire, et son rôle à moitié avoué d'exécutant, n'étaient pas pour me rassurer. A ce moment, ce n'était pas tant la prison qui m'inquiétait le plus, bien au contraire. Peut-être y demeurerais-je le temps nécessaire pour qu'une véritable procédure soit engagée. Mais je n'étais toujours pas certain d'être à l'abri d'une déportation éclair à la Persichetti.

Le magistrat allait me congédier quand, le regardant droit dans les yeux, je tentai mon coup.

— S'il vous plaît, quelle heure est-il ?

— 17 h 50.

— Monsieur, je suis concierge d'un immeuble du IXe arrondissement.

— Je sais. C'est la seule chose qui soit claire là-dedans, répondit-il en tapant sur la chemise qu'il n'avait pas ouverte.

— Eh bien, à cette heure-ci, une cinquantaine de voitures attendent de quitter le parking parce que la grille est fermée. Me permettriez-vous de téléphoner à ma compagne pour qu'elle me remplace ?

Il me regarda d'un air étonné.

— Bon Dieu, j'aimerais que mon gardien ait autant de conscience professionnelle que vous.

Il poussa le téléphone vers moi.

J'avais une seule chance et je ne pouvais absolument pas la rater. Pour être certain d'avoir quelqu'un au bout du fil, il me fallait appeler un portable. Le seul numéro que j'avais en tête était celui de M.

M. et moi avions partagé des années d'amour et de conflits. Notre union était depuis quelque temps en crise. Elle avait déménagé, le temps de réfléchir, comme on dit. Nous étions au bout, mais nous faisions tous deux semblant d'y croire encore.

Elle décrocha. Son allô las sentait la dépression. En trois mots, je l'informai de la situation. M. n'aime pas les voix nerveuses, autoritaires, surtout pas la mienne. Elle risquait de me raccrocher au nez, si je ne prenais pas le temps de respirer. Je répétai tout d'un ton plus calme. Au début, elle le prit comme une mauvaise plaisanterie. Le magistrat écoutait, percevait mon désarroi, et cela semblait l'amuser. Cela lui rappelait peut-être ses propres complications familiales. Finalement, je trouvai les mots magiques. Il fallait me remplacer à la loge, ouvrir les grilles, tout de suite. Cette fois, M. n'eut plus de doutes. Car elle savait que je n'habitais pas la loge, qu'il n'y avait pas de grilles et, surtout, depuis la terrible extradition de Persichetti, elle avait pris conscience du danger. Elle comprit que chaque minute était précieuse.

Je doute que ce magistrat n'ait pas saisi le sens de mon message. Son petit sourire à la fin de la communication ressemblait à un clin d'œil. Je réintégrai ma cellule en m'imaginant M. avec son portable dans une main, le téléphone dans l'autre, et se précipitant sur Internet.

S'il n'y avait pas eu le grouillement des cafards, j'aurais même pu fermer un peu les yeux.

3. *La prison*

Au premier contact, les prisons se ressemblent toutes. Il devait être environ dix heures du soir quand mon fourgon franchit la grande porte de la Santé pour décharger sa dernière marchandise. En quelques minutes, j'étais écroué, fouillé, douché et enfermé dans une cellule au rez-de-chaussée, section des arrivants. Avant de nouer les draps autour du matelas, habitude de taulard, je regardai par l'œilleton pour situer l'emplacement de ma cellule. Sur la porte d'en face, je vis la plaque du commandant en chef.

Je m'allongeai et tirai les couvertures jusqu'au menton. Paris était toujours là, juste à quelques grilles de distance. Rien d'irréparable. Je disais Paris mais je pensais France. Mes amis étaient disséminés partout. Claude, avec sa formidable capacité de rassembleur, devait à cette heure-ci être au courant de ma situation. Ses mails devaient déjà courir d'un bout à l'autre du pays, alertant quantité de personnes, pour la plupart des littéraires, mais aussi très engagés politiquement. C'était notre ambiance à nous, les écrivains de polars, ceux qui mettaient la patte et la plume partout où pointait l'injustice.

Je pensais à tout ce qui pouvait bouger, là-bas au-dehors, pour me sortir de ce pétrin. Mais j'étais conscient de nos limites. Nous n'étions jamais qu'une bande de « polardeux », des auteurs de série B, comme on nous considère à demi-mot. Je pensais à mes avocats aussi, en qui j'avais pleine confiance. Mais le sommeil ne venait pas.

Bien sûr, je n'en étais pas à ma première expérience de détention, mais je ne pouvais pas refouler ce sentiment de spoliation, de vulnérabilité absolue qui afflige l'âme du détenu. Quand la fatigue prenait le dessus, je rouvrais vite les yeux pour chasser un vrombissement sourd, celui d'un d'avion qui m'emportait vers l'Italie. Puis je me souvenais que Persichetti avait été ramené en voiture. Alors c'étaient les tournants des Alpes qui me donnaient mal au cœur. Pour garder les yeux bien ouverts, puisqu'on dit qu'il faut regarder la route pour éviter les nausées, je trouvai différentes façons de m'occuper pendant l'éveil.

Je pensais à ce jour où je m'étais retrouvé pour la première fois animateur d'un atelier d'écriture, avec un groupe d'adultes exercés. Je revivais les moments de terrible gêne, face à cette dizaine de personnes inscrites pour un concours de nouvelles, et qui attendaient de moi des mots magiques. L'écrivain gardait le silence. Ce que j'avais appris, mes convictions personnelles sur l'acte d'écrire, les jeux rusés de Perec, tout cela s'effondrait dans l'attente. Ces gens n'étaient pas là pour un cours de rédaction. Là-dessus, ils en connaissaient plus que moi. Ce qu'ils voulaient, c'était mon âme. Une demi-heure s'était déjà écoulée dans l'embarras général quand, sur le point d'abandonner la session, mon regard était tombé sur une serpillière, tassée sous un évier. Sans réfléchir, je m'étais levé, j'avais récupéré le chiffon mouillé et l'avais étalé au milieu de la pièce. Il sentait mauvais. Ce que je pus dire après venait d'ailleurs. D'un lieu inconnu où s'était protégée la parole. D'une voix cassée, je m'écoutais dire que, pour écrire, il fallait d'abord devenir serpillière. Serpillière bien usée, comme celle-ci, collée au sol. Alors seulement sortiraient les mots qui, petit à petit, l'un sur l'autre, nous soulèveraient du sol pour grimper au ciel. L'écriture qui parle vrai est cœur de serpillière. C'est ainsi que je me sens aujourd'hui avec vous. Nous avons de la chance, on ne va pas la rater.

J'ai vu une larme couler. Puis chacun prit son stylo et, cessant de me regarder, fixa sa plage blanche.

Les serpillières ont le sommeil profond.

Le « Ricoré » de sept heures du matin, on le prend forcément. Il est chaud et l'estomac est trop vide pour spéculer sur les conditions d'hygiène dans lesquelles il a été préparé. Je ne veux pas trop m'appesantir sur le mode de vie en prison. J'y passai seulement trois semaines et dans un état d'esprit peu ordinaire. La solidarité qui explosa autour de mon affaire me protégea du sentiment d'abandon infini qui ronge peu à peu le détenu. C'est cela, le vrai châtiment. Et puis, moi-même et beaucoup d'autres ont déjà tant écrit sur l'enfer de la prison que je ne veux pas assommer plus mes lecteurs avec cette calamité. Quelques mots seulement, pour ceux qui tomberont par hasard sur mon texte, et qui voudraient en savoir plus sur la procédure de routine qui accompagne le nouvel arrivé.

De neuf heures à midi, on est escorté d'un cabinet médical à un autre. Les entretiens dépassent rarement une minute ou deux. Le temps de proposer au sujet une thérapie à base de psychotropes si l'on montre des signes de nervosité ou si l'on craint d'en ressentir. En somme, prends-moi ces pilules et végète en toute confiance. La présence du personnel soignant consiste, au fond, à ne jamais perdre de vue le détenu et faire en sorte qu'il ne casse pas trop les pieds. D'un bureau à l'autre, je respirais des effluves de soupe pourrie et de chair morte. Cette odeur, vous la retrouvez partout, d'un pays à l'autre. Il n'y a pas de frontières pour les prisons.

La dernière visite est réservée au gardien-chef. Une vice-directrice s'était déplacée pour l'occasion. Elle affichait un air aimable mais son petit sourire était de trop. Elle me désigna la chaise en face d'elle. A côté de moi, mais assez en recul pour que je ne puisse pas le voir sans me retourner, se tenait un grand Noir que je présumai être le surveillant-chef.

Une tactique policière qui ne m'était pas inconnue. Cette disposition leur permettait de m'examiner sous tous les angles sans que je puisse saisir leurs impressions. Ils avaient une décision à prendre sur le régime de sécurité auquel je serais soumis, et ils voulaient être certains de faire le bon choix. Il ne faisait aucun doute qu'ils étaient informés d'une partie bien arrangée de mon dossier, celle qui faisait de moi un monstre, celle qui serait reprise mot à mot par les médias après ma remise en liberté. Enroulé dans ma serpillière, j'avais dormi du sommeil des enfants. Je me sentais serein et répondais aux questions sans réticence.

Au bout d'un moment, je m'aperçus, aux regards qu'elle lançait par-dessus mon épaule, que la vice-directrice était déconcertée par mon comportement. Cela ne devait pas correspondre à l'image type du détenu dangereux qu'on lui avait soi-disant confié. Après un long silence et échange de coups d'œil, j'entendis pour la première fois la voix du surveillant-chef.

— Monsieur, vous avez été condamné pour le meurtre d'un commandant de prison en Italie. Je veux savoir si cela s'est produit à l'intérieur de l'établissement.

Ce n'était pas le moment de s'amuser. Mais je ne pus retenir un petit sourire, qui se voulait rassurant. Je pivotai à moitié sur ma chaise pour le regarder. C'était un homme assez jeune et très musclé, son regard était dur, enfoncé derrière les sourcils. J'imaginais combien de détenus il pouvait fracasser d'une seule main.

— Monsieur, dis-je, d'après mes informations, c'est arrivé dans la rue, il y a à peu près une trentaine d'années. De plus, je n'ai jamais tué personne et je n'ai pas l'intention de commencer maintenant. Il n'y a pas de quoi s'inquiéter.

— Mais je ne m'inquiète pas du tout. C'est plutôt vous qui avez de quoi.

Sans me toucher, il me fit reprendre ma position face à la vice-directrice.

— Vous pouvez aller, dit-elle d'un ton glacial.

Sous bonne escorte, je traversai une partie de la Santé, destination inconnue. Le long des couloirs, de grille en grille, je jetais des regards horrifiés aux blocs réservés aux détenus de droit commun. La saleté y était incrustée partout. Au point, me disais-je, que si l'on avait voulu la décoller de la Santé, il n'en serait resté que le mur d'enceinte. Mais ce qui m'affolait le plus, c'était le vacarme provenant des cachots où, par manque de place, on empilait trois fois plus de détenus qu'ils n'en pouvaient contenir. D'un bloc à l'autre, les coups de pied résonnaient contre les portes blindées, censés attirer l'attention des surveillants. Eux, habitués au fracas, papotaient devant leur poste de garde.

A chaque grille, au plus petit ralentissement de mon escorte, je craignais que l'on soit arrivés, qu'ils ne me poussent dans une cellule surpeuplée, supplice pour un temps indéterminé. Mais j'obtins un trou tranquille tout pour moi.

La chaise au fond brisé, le lavabo zébré de matières douteuses et la table minuscule qui collait aux mains me disaient que ma cellule était inhabitée depuis longtemps. Assis sur ma paillasse, évitant tout contact direct avec la peau, je regardai tout cela, affligé. Pour retrouver un peu de courage, je me remémorai l'ambiance aseptisée des « prisons spéciales » que l'Italie avait construites exprès pour nous dans les années 70. Je revoyais les murs à la peinture brillante, la lumière blanche allumée vingt-quatre heures sur vingt-quatre, la douche et les toilettes séparées, mais où les matons pouvaient nous observer à tout moment. L'ouverture des portes commandée à distance, l'absence totale de contacts entre les prévenus et le personnel, le silence machinal, les demi-heures de promenades solitaires, ou à trois maximum, jamais avec les mêmes, pour que nous ne puissions pas créer de liens.

Tout compte fait, je préférais de loin me retrousser les manches pour rendre vivable ce trou souillé d'humanité.

J'échangeai mes premiers mots avec un autre détenu peu après mon arrivée. H. occupait la cellule d'à côté. Il frappa contre le mur qui nous séparait pour que je m'approche de la fenêtre. Je grimpai sur les tuyaux du chauffage et, agrippé aux barreaux, je tendis l'oreille. Il me salua d'une voix calme et polie.

— Ne vous en faites pas pour la saleté. Cette cellule a toujours été un lieu de transit. Les détenus y restent un jour ou deux, le temps d'être transférés ailleurs, si bien que personne ne s'en occupe.

En l'écoutant parler, je compris qu'il s'agissait sûrement d'un ancien taulard. Il faut de l'expérience pour se faire entendre d'un côté à l'autre avec une telle clarté et sans crier.

— Je vais vous passer le nécessaire pour nettoyer, et un réchaud électrique. Avez-vous besoin de quelque chose d'autre en particulier ?

Je le remerciai, lui demandant comment il allait se débrouiller pour me faire parvenir ce matériel.

— Le surveillant de service n'est pas un méchant. Je vais essayer. Vous êtes dans tous les journaux, la télé aussi parle de vous. Ils sont tous de votre côté, à part le ministre, naturellement.

Vous allez vous en sortir. Bon courage et descendez à la promenade demain matin.

Cette fois-ci, je m'allongeai sur le matelas nu sans réticence. La chaleur de ces quelques mots m'immunisait. Je pensais aux coups de fil de M., à la vitesse de réaction de mes amis. C'était étonnant qu'ils aient pu déclencher un tel mouvement en si peu de temps. Je sentais l'espoir revenir. J'étais toujours à Paris, bien accroché.

Cependant, quelque chose me tourmentait. Un sentiment d'alarme, inexplicable après les bonnes nouvelles que je venais d'entendre. Et pourtant, il était là.

Je fermai un peu les yeux, laissai défiler les images de mes amis qui s'activaient frénétiquement pour me sortir de là. A l'instant même où claquait la serrure de ma porte, la même question lancinante sortait de mes lèvres : pourquoi moi?

H. avait fait vite. Un jeune surveillant me tendit un sac plastique bien rempli. Il s'attarda sur le seuil avant de refermer la porte, surpris que ce petit homme à l'air perdu puisse intéresser autant de monde. Je n'allais pas tarder à partager le même sentiment que lui. Après une semaine à la Santé j'allais être totalement dépassé par les événements.

Dans le sac de H., je trouvai de quoi m'installer, et une petite radio.

Le lendemain matin, j'allai à la promenade en tremblant de froid. Je n'avais sur le dos qu'un pull léger. Ma veste avait été confisquée, parce qu'elle était en cuir. H. vint me serrer la main. Il la trouva gelée et me passa ses gants. Pas question de remerciements, l'entraide était la norme. Le froid sec nous obligeait à marcher vite. Lui préférait tourner en rond plutôt que de faire le classique aller et retour.

Les premiers mots qu'on échange avec un nouveau tournent toujours autour de quelque banalité. Pas de questions directes, la discrétion d'abord. Il faut sonder l'autre, savoir ce qu'il a derrière la tête. Nous parlâmes du temps, de la mauvaise bouffe, du gouvernement. H. était rondelet et serein, comme sa voix me l'avait suggéré.

Entre-temps, la cour se remplissait. Elle était plus spacieuse que je ne me l'étais imaginée. Les détenus descendaient par vagues. Ils lançaient des regards alentour, puis chacun allait rejoindre son groupe d'appartenance politique ou professionnelle. Les Basques y étaient nombreux, pour la plupart des jeunes. Ils saluaient poliment tout le monde mais ne se mêlaient pas trop aux autres. Les braqueurs, souvent les plus âgés, je les reconnaissais à leur démarche. Ils faisaient les cent pas à deux ou trois. Silencieux, le regard planté droit devant, comme n'ayant de comptes à rendre à personne. Les murs n'étaient pour eux qu'un accident de parcours, le risque du métier. Pas de quoi en faire un drame. Marchons. Les barbus musulmans faisaient groupe à part. Je ne sais pas comment ils se débrouillaient pour débarquer en promenade tous ensemble, alors que leurs cellules se situaient à différents étages. Une quinzaine de barbes longues et noires traversaient la cour sans dire bonjour à personne, fonçant tout droit vers un coin à part où ils formaient un cercle. D'après ce que je pouvais remarquer de loin, avec la tête qu'ils faisaient, personne ne risquait de s'approcher d'eux. Un seul des leurs avait droit de parole. Qu'il allait chercher à chaque pause dans quelque interprétation du Coran.

A ma grande surprise, au cours d'un de nos tours, H. se sépara de moi et rejoignit ce groupe. Plus surprenant encore fut l'accueil chaleureux qu'on lui réserva. H. était le seul d'entre nous qui était respecté par ces hommes. Pourtant, il n'avait pas un fil de barbe ni ne portait comme les barbus de flamboyants survêtements griffés Nike.

Je continuai mes tours en solitaire, sous les coups d'œil furtifs de ceux qui m'avaient vu au journal télévisé de la veille au soir. Je regardai les murs tout autour et les fenêtres des immeubles voisins. Ceux qui vivaient là devaient être si habitués à cette cour qu'ils ne nous voyaient même plus. On ne pourrait pas en dire autant pour celui qui vient d'arriver, à l'intérieur.

La prison, vous êtes en plein dedans mais vous n'y croyez pas encore. Les événements qui vous y amènent se déroulent à une vitesse telle que la pensée reste à la traîne. La tête refuse d'accepter, elle vous laisse le temps de passer du cauchemar à la dure réalité, en limitant les dégâts du choc. La prison est aussi comme le vélo. Une fois qu'on sait en faire, on n'oublie pas, même vingt-cinq après. On remonte dessus et on pédale comme si c'était hier. Il faut juste tâcher d'éviter les montées.

Marcher tout seul me faisait du bien. Je n'avais pas eu le temps de me retourner dans mon lit pour me tirer de ce mauvais rêve. Mes amis du dehors n'avaient pas traîné, il me fallait sauter dans la réalité. Penser, prévoir, agir. C'était comme cela, avant. Mais avant, c'était il y a longtemps et nous étions des milliers, avec une seule volonté. Ici, je n'étais qu'un revenant égaré à la Santé, sans ennemis apparents.

J'accélérai le pas, me remémorant le K. de Kafka. Un personnage anonyme, seul et désemparé contre des portes qui n'ouvraient sur rien.

J'étais, semblait-il, le premier d'une longue liste d'extradables. Mais quel sens cela avait-il de commencer par moi ? C'est-à-dire par une des procédures les plus compliquées qui soit ? Il existait certainement un plan. Ils en avaient peut-être raté le début, mais le choix de leur cible devait découler d'un calcul réfléchi, qui continuait à m'échapper. Entre la crainte abstraite qu'ils en aient après ma peau et l'hypothèse rationnelle d'une vague collective d'extraditions, je penchai largement pour la seconde supposition. Dans cette idée, je me réjouissais qu'ils aient commencé par moi. J'étais en effet le seul parmi les réfugiés qui pouvais compter sur un ample soutien dans le milieu culturel. Ce mouvement pouvait nous sortir du ghetto politique où la question des Italiens exilés avait été refoulée depuis des années. A cette heure-ci, selon les informations que venait de me relater H., la France découvrait qu'une bonne centaine de rescapés italiens des années 70 vivaient en toute légalité sur son sol depuis très longtemps. Au point que beaucoup d'entre eux étaient devenus partie intégrante du pays, c'étaient des pères, des mères et certains déjà des grands-parents. C'était un Président de la République qui l'avait voulu, c'était énoncé dans la « doctrine Mitterrand », comme on l'appelait.

C'était donc une parole d'Etat et pas n'importe laquelle. Celle de la France.

Se réjouir en prison ne dure jamais plus d'un instant. Je continuai à tourner en rond en compagnie de la prétendue parole d'Etat qui, à force de ricocher d'un mur à l'autre, ne contenait plus que le souffle d'un mort.

Il m'a toujours été difficile de faire la différence entre le tremblement dû au froid et celui qui provient de la peur. Les deux en même temps, cela fait mal partout. L'accolade franche de R. et de S. me sortit de mes idées sombres. Le blouson que R. avait trouvé pour moi compléta l'œuvre en me réchauffant l'âme et le corps. R. et S. avaient vingt-cinq ans de différence d'âge. Ils faisaient partie de ces Bretons qui refusaient Paris et sa « colonisation culturelle » et qui, à force de le répéter, avaient fini par gagner leurs galons de terroristes. Ils avaient déjà essuyé quatre ans de préventive, mais la date de leur procès approchait. De R., le plus jeune mais le plus politisé et infatigable lecteur, je garde toujours en mémoire le sourire large comme une belle tranche de pastèque. S., c'est son regard mouillé, la bonté à l'état pur. R. et S. me parlaient de politique pointue, avec quelque bémol dans leurs moustaches. R. était particulièrement habile pour forger une sorte de mélange entre séparatisme et communisme, une théorie militante pour moi tout à fait inédite. J'avais du mal à suivre les discours de S., et lui aussi d'ailleurs. Mais il débordait de ces deux hommes une humanité inoubliable.

R. et S. ont été mon chauffage pendant les trois semaines que je passai à la Santé.

— Comment savais-tu que je n'étais pas assez couvert ? lui demandai-je ce premier matin.

R. me régala de l'un de ses sourires.

— Je t'ai vu à la télé, tu portais une veste en cuir. Je me suis dit que s'ils t'avaient coincé avec ça sur le dos, ils allaient te laisser en chemise.

S. se marrait. Quatre ans de placard, ils avaient de l'expérience à revendre. Je pense souvent à ces deux hommes, je m'identifiais beaucoup à eux. Ensemble, nous rigolions entre les murs. Ils étaient tendres et beaux, comme il arrive parmi les militants des causes perdues.

La division était réservée en grande partie aux détenus politiques et à quelques braqueurs de la vieille école. Ces derniers méprisaient les trafiquants de came et, au lieu de tuer le temps avec les psychotropes, préféraient cultiver la vie, même dans le pire. Il y avait parmi eux un homme qui dépassait bien la soixantaine, un proche de Mesrine qui venait « payer la bile d'un flic rancuneux ».

L'isolement n'était pas si méchant que ça. Chacun dans sa cellule mais la promenade était commune. Le niveau d'éducation général était assez élevé, jamais de bagarres ou de menaces, si bien que les surveillants se montraient plus humains. C'est-à-dire qu'ils respectaient les règles mais n'avaient pas besoin d'en rajouter. Malgré la vétusté générale, on remarquait un certain effort pour améliorer les conditions d'hygiène.

Les jours suivants, je continuai aussi à discuter avec H. Malgré tout ce qui nous séparait, malgré nos visions du monde inconciliables, il n'a jamais cessé d'être un compagnon de prison toujours attentif aux besoins d'autrui. D'origine tunisienne, il était musulman intégriste. Il me parla de sa femme bretonne et de son fils qui habitaient en Belgique. Avant de rencontrer la Foi, il menait une vie dissolue. Femmes, alcool, il baignait dans le vice, disait-il, indifférent aux injustices que subissait son peuple. A présent il ne buvait plus, ne fumait plus, pas même de tabac. Son plus grand plaisir était la prière.

— Oui, mais tu es en prison.
— Dieu est partout, répondait-il sans ferveur.

Il était aussi anticommuniste, comme sont ceux qui ont goûté aux ravages soviétiques. Nous formions deux univers à part, cela ne faisait pas de doute. Mais il savait écouter et parler, et il ne s'est jamais montré fanatique avec moi.

H. était accusé d'avoir organisé l'assassinat du commandant Massoud. Résistant au régime des Talibans dans une enclave au nord de l'Afghanistan, Massoud avait été tué par deux kamikazes, juste avant le massacre du 11 septembre. Je ne sais pas si H. était ou non coupable, cela ne m'intéressait pas particulièrement. Mais il est certain qu'il n'était pas contre l'attentat. En tant que militant, il assumait cette action sans hésitation. L'un des deux kamikazes était son meilleur ami. L'idée qu'un homme aussi sensible que lui avait pu envoyer son meilleur ami au tombeau pour donner la mort à un inconnu m'était insupportable.

Plus tard, après quelques milliers de tours en rond, il me donna à lire le dossier de son instruction. C'était un sacré paquet, mais je le lus du début à la fin, par pure curiosité. Je voulais comprendre le mystère des martyrs, et comment un homme pouvait en arriver à prendre une décision aussi extrême. Al Qaida : qu'est-ce que H., avec sa bonhomie, pouvait bien foutre là-dedans ?

Eh bien, dans ces centaines des procès-verbaux, je ne trouvai rien de tout cela. Malgré l'acharnement d'un procureur parisien, coupable ou non, H. risquait au pire d'être condamné pour avoir favorisé l'immigration clandestine des Maghrébins en Europe. Mais, puisque nous avions gagné une certaine confiance mutuelle, je risquai quelques questions.

— Ce Massoud méritait-il vraiment la mort ?

— Dieu seul le sait, répondit-il calmement. Mais c'était un corrompu, aux ordres des Russes et, par-dessus tout, il autorisait la culture du pavot.

Une autre question le dérangea davantage.

— Dis-moi, tes frères là-bas, dans leur coin de cour, ils sont prêts à tout pour combattre le « grand Satan » et soi-disant sauver le monde arabe, mais ils s'habillent en Nike. Cela ne leur fait rien de savoir que des petits gamins, souvent eux aussi musulmans, sont exploités pour fabriquer ces beaux habits ?

— Ce n'est pas de leur faute. Ce sont les familles qui leur achètent ça.

— Ah bon. Vous prétendez donc changer le

monde par tous les moyens, pendant qu'eux ne s'occupent pas de l'éducation de leurs proches ?

— Le Prophète n'a rien à faire des marques. Ce que tu viens de dire est idéologie. C'est encore du communisme.

Cette dernière critique l'avait troublé. Il avait fait un tour complet de cour avant de me répondre. Si j'avais des doutes, il venait de me donner une raison de plus pour rester communiste, un rêve de liberté aux antipodes du cauchemar des sauvageries staliniennes et PC-istes. Mais les chocs de nos univers si contraires n'ont jamais rien changé au rapport humain qui s'était établi entre nous. C'est cela, la prison.

La routine, même restreinte à neuf mètres carrés, n'a jamais arrêté le temps. Les jours passaient et la presse continuait à s'occuper de mon affaire. Des magazines de mode aux journaux plus prestigieux, il n'y avait pas un jour où je n'étais pas mentionné. Les commentaires m'étaient généralement favorables, quand ils ne criaient pas carrément au scandale, à la fin de l'Etat de droit et ainsi de suite. Entre-temps m'arrivait l'écho des nombreuses manifestations de soutien qui s'organisaient d'un bout à l'autre de la France. Je n'en revenais pas.

Quatorze ans ! Toutes ces années vécues en France s'étaient effacées d'un seul coup à l'instant même où les flics m'avaient passé les menottes. La parenthèse de l'exilé s'était refermée, je revenais à la case départ. Quatorze ans, rien qu'une incise. A l'instant même où je réalisai cela, je m'en voulus atrocement. Il suffisait donc d'une paire de menottes et de trois petits politiciens galonnés pour que j'oublie qu'entre-temps j'avais construit une vie, une famille, un métier, des centaines d'amis avec qui j'avais partagé ma vie.

Cette nuit-là, je me retournai dans mon lit, le cœur débordant d'émotion, et je remerciai tous ces indomptables, là, dehors, pour m'avoir secoué les neurones, du moins ce qu'il m'en restait.

Sans pécule, la direction de la prison bloquant mes mandats, je ne pouvais pas louer une télé ni acheter les journaux pour suivre les événements. Mais cela n'était pas vraiment un problème. Pendant la promenade, tout le monde, sauf les barbus, me passait les articles me concernant. H., R. et S. me tenaient au courant des émissions.

En même temps, je recevais des milliers de lettres provenant de tous les coins du pays. Gênée par cette quantité de courrier, la direction décida de ne me livrer que cent enveloppes par jour.

Après ma libération, on m'expédia une bonne dizaine de kilos de lettres qui ne m'avaient pas été transmises. Dans ma cellule, je rangeais le courrier par ordre d'arrivée et je passais mes heures à ouvrir une enveloppe après l'autre. Mais même en me forçant à veiller tard, je ne pouvais pas tout lire et moins encore répondre. Manque de temps mais aussi de timbres. Les amis de la division faisaient ce qu'ils pouvaient pour m'en fournir, mais eux aussi étaient limités. Tout en prison est limité.

Maîtres Terrel et De Felice, mes deux avocats, avaient fait de la défense des réfugiés italiens en France une priorité depuis toujours. Eux aussi étaient émerveillés par le vaste mouvement d'opinion autour de mon affaire. Ils espéraient, grâce à l'ampleur de cette réaction, aux voix retentissantes qui s'élevaient, qu'arrive enfin le moment de régler définitivement la question de tous les réfugiés.

Ils m'avaient déjà tiré d'affaire en 1991, quand la cour d'appel de Paris avait refusé mon extradition demandée par l'Italie. Cette même demande recommençait aujourd'hui. Pour leur engagement professionnel, l'honnêteté et la générosité dont ils ont fait preuve pendant toutes ces années pour défendre le droit d'exil de dizaines d'autres réfugiés, je leur garde toujours mon respect le plus profond.

Ils venaient souvent me voir et ils étaient optimistes, chose rare chez eux. J'étais content de les voir ainsi, cela me permettait de briser ce formalisme qui s'établit toujours entre un avocat et son client. C'était peut-être la première fois qu'on se parlait à cœur ouvert. Je leur avouai mon inquiétude face à la dimension énorme que l'affaire avait prise. Je ne me sentais pas à la hauteur pour soutenir un tel niveau de popularité, pas capable de répondre à l'attente de tous ces gens. J'avais la trouille. Comme si l'on me demandait d'être ce que je n'étais pas. J'étais à moitié concierge et à moitié écrivain. Pour le symbole politique, il fallait voir ailleurs.

Ils m'écoutaient parler en souriant. Peut-être ne comprenaient-ils pas mon « fritalien[1] », ou bien étaient-ils eux aussi dépassés par les événements.

Bientôt, la Cour allait trancher sur ma mise en liberté, en attendant de décider de mon extradition. Le mouvement de soutien restait mobilisé. Les avocats étaient sûrs d'eux, et je supposais que mes attaquants haut placés ne souhaiteraient pas

1. Néologisme de l'auteur pour désigner le mélange de français et d'italien (NDE).

accroître la tension en me maintenant en prison. Je gardais donc espoir. J'étais toujours à Paris et la France, celle que j'aime, était avec moi.

Injustice inacceptable, voilà en résumé ce que disaient les éditoriaux de la grande presse nationale, à une exception près. Entre-temps, une cellule de choc hébergée à l'ambassade italienne affinait une terrible contre-attaque. Mais cela, je ne l'appris que plus tard.

Toujours informé par les amis de promenade, je suivais l'évolution des événements. Les comités de soutien se multipliaient. Pendant ce temps, le ministère de la Justice ne cessait de se ridiculiser par des attaques sans fondements. En prime, je goûtai au plaisir d'avoir l'extrême droite contre moi.

Tout allait bien, peut-être même trop. C'était précisément ce trop qui me tourmentait quand, entre moi et le monde entier, il n'y avait plus que murs et barreaux. Mais j'étais encore très loin d'imaginer l'objet médiatique que j'allais devenir d'ici peu. Sans parler de l'insoupçonnable harcèlement de certains de mes ex-camarades, dont j'attendais au contraire un accueil fraternel.

Pour l'instant, tout ceci n'était que sentiments, trop flous pour me préparer au pire, mais assez lourds pour m'empêcher de jouir de cette vague de soutien. Il serait hypocrite de prétendre que j'y étais indifférent. Je me sentais important et je voulais le mériter. Je voulais y croire, mais il me semblait impossible que deux Etats, la France et l'Italie, deux gouvernements idéologiquement proches, liés par de puissants intérêts et disposant de moyens incalculables, se laisseraient battre si facilement.

Pourquoi moi?

Les visites assidues des personnalités politiques m'encourageaient. Cela m'intimidait de me retrouver face à face avec ces hommes et ces femmes, jusque-là vus à la télévision, et à présent assis dans un box souillé de la Santé. J'avais les mains moites, mains de prisonnier. L'éminente attention qu'on me consacrait me donnait à croire que l'opération montée pour obtenir nos extraditions – comme l'avait divulgué le ministre – avait moins de chances d'aboutir. Ces visites avaient aussi pour but de me mettre à l'abri des mauvais traitements, mais elles produisaient l'effet contraire. Pas avec les surveillants d'étage, qui se montraient plutôt compréhensifs, quand ce n'était pas carrément solidaires. Quelques-uns, de retour de week-end dans leur village, venaient me voir en cachette pour me passer une coupure de journal où leur élu préféré demandait ma libération. Après les avoir assurés de ma discrétion, je leur demandais toujours l'appartenance politique de l'élu en question. Je n'étais pas surpris d'y découvrir des hommes politiques de droite.

Les problèmes me venaient exclusivement de la direction. Ainsi, malgré l'obligation du règlement pénitentiaire, je n'étais jamais informé de l'identité de mes visiteurs. Un surveillant galonné se pointait à ma porte, muet, escorté par des agents inconnus. Je leur demandais qui venait me voir mais la réponse était toujours la même : « Faites attention à ce que vous dites. Les visites s'en vont, mais vous, vous restez. »

Quand le maire de Saint-Denis, Patrick Braouzec, vint me voir et insista pour visiter la division, les visages des hommes de mon escorte étaient impressionnants à voir. A commencer par un vice-directeur, un blond soigneusement vêtu et rodé à l'art de l'hypocrisie, jusqu'aux armoires à glace en uniforme qui l'accompagnaient. Les yeux emplis de haine, ils peinaient à comprendre pourquoi on ne pouvait pas nous écraser simplement, ainsi qu'on leur avait si souvent demandé pour bien moins que ça.

De toute évidence, la direction avait reçu des ordres du ministère. Ces visites posaient un grave problème. Trop d'un seul coup. Supposons que ces « politicards » aient l'idée de mettre leur nez dans les dysfonctionnements de la prison ? Que répondraient-ils si l'un de ces élus s'apercevait que la nourriture des détenus, fournie par des entreprises privées, était de moitié inférieure aux seuils minimaux prévus par la loi ? En quantité comme en qualité ? Que diraient-ils pour expliquer que les prisonniers, même les plus endurcis, n'arrivaient pas à manger cette portion congrue de qualité infecte, sous peine de tomber malades ou sous-alimentés ? Que les prisonniers étaient donc contraints d'acheter – auprès des mêmes entreprises – la ration à peu près décente qui leur était normalement due ? Où allait cet argent ? Et sur les milliards que paient les contribuables pour les besoins primaires des reclus, combien parviennent réellement à destination, et où s'en va le reste ? Et je puis assurer que le régime de la Santé n'est pas une exception. Il existe bien pire que cela.

Toutes ces visites étaient donc un fléau menaçant pour la direction et elle me le faisait payer. Je restais un intouchable, au moins sur le plan physique, mais pour le reste, aucune concession. Si un surveillant était surpris, comme c'était l'habitude avec d'autres, à s'entretenir une seconde de trop devant ma porte pour une banale requête, je ne le revoyais plus le lendemain.

Un jour, après la visite de François Hollande, et pendant qu'on m'escortait pour réintégrer ma cellule, j'assistai à un incident bien curieux. Sur le palier d'en face, le sous-chef de division entouré de ses pitboys évacuait de force un détenu hors de sa cellule. J'eus juste le temps de voir qu'il s'agissait d'un jeune maigrichon, qui descendait rarement en promenade. Mon escorte s'empressa de me boucler dans mon cachot, mais je savais qu'à cette heure-ci aucune présence de prisonnier n'était prévue à l'étage, ni nulle part ailleurs. Seul un personnage de la taille de François Hollande pouvait provoquer cette exception : il fallait à tout prix éviter que le prisonnier maigrichon ne clame sa plainte sur son passage.

Plus tard dans la soirée, à l'heure où le contenu de la gamelle du dîner était déjà passé par les toilettes et où ne restait plus à l'étage qu'un des surveillants de nuit, je lâchai la lecture de mon courrier pour prêter l'oreille à de petits coups frappés contre ma porte. Je m'approchai prudemment de l'œilleton. De l'autre côté, le surveillant recula juste assez pour se faire reconnaître. C'était un brave mec. Il habitait une petite ville de province où je comptais un comité de soutien et, dans la limite du possible, il m'informait de ses initiatives. Mais, ce soir, il n'était pas venu pour cela. Il se marrait. Après m'avoir fait jurer dix fois que je n'en parlerais à personne, il colla sa bouche à l'œilleton, dont les vitres de protection étaient brisées, et me raconta ce qui s'était passé tout à l'heure avec le détenu d'en face.

Le maigrichon, qui léchait à présent ses blessures au mitard, réclamait une chaise depuis des semaines. Il était dans son droit. Le règlement imposait qu'il y en ait une dans chaque cellule. Une éternité qu'il se faisait mener en bateau par le sous-chef de division. Il se vengea, et je n'arrive toujours pas à comprendre comment cet homme se débrouilla pour concevoir et réussir une pareille riposte. Tout d'abord, il fit en sorte que le sous-chef monte le voir à l'étage. Puis il parvint à se masturber et à contrôler l'éjaculation jusqu'à l'instant précis où sa porte s'ouvrit, pour enfin cracher son sperme sur l'uniforme galonné de son tourmenteur. Cela me dépassait. Pour mettre en œuvre une combine pareille, il fallait une puissance de volonté, un désespoir tel que, si je ne l'avais pas appris de ce surveillant, je ne l'aurais pas cru.

Il y avait de quoi se marrer un moment, n'étaient les conséquences que ce malheureux branleur allait subir.

Il m'est arrivé de repenser à cet homme. Son acte, que j'avais trop vite attribué au seul désespoir, prenait peu à peu un air de performance. Il faut se méfier des maigrichons, ainsi que des obèses. Sous cette apparence peu favorable, ils cachent des miracles que seules les femmes savent détecter. Quand on est jeune et en manque, on est stupéfait de voir passer des beautés enchantées au bras de leur maigrichon ou de leur obèse. On n'a pas encore compris. Une femme devait aimer le maigrichon, car le désespoir n'a jamais fait bander, encore moins un sous-chef de division. En vérité, j'enviais ce mec qui avait réussi à éjaculer dans une situation impossible. Tandis que moi, ancien souvenir du temps où j'étais encore libre, je n'en étais plus capable sur le corps d'une femme dans mon lit. Le maigrichon, lui, était au mitard.

Je recevais des lettres de M., de mes enfants et de leur mère. Ils se débattaient pour obtenir un permis de parloir en faisant valoir leurs droits légitimes, mais l'autorisation leur était sans cesse refusée sous mille prétextes. L'obstruction, je le sus plus tard, ne venait pas du tribunal mais de la direction de la Santé. Dans certaines limites, très difficiles à définir, le directeur pouvait justifier son refus par une ordonnance ministérielle, arguant de l'insuffisance de personnel et de listes d'attente. Je savais pertinemment qu'un détenu en préventive a droit à trois parloirs par semaine et jamais, au cours de mes expériences présentes et passées, je n'avais entendu un prisonnier se plaindre d'un parloir manqué pour cause de listes d'attente. Mais apparemment, cette rare possibilité existait et le ministre l'utilisait largement.

Le seul parloir qui me fut concédé pendant ma détention fut avec mes deux frères aînés. Je ne sais comment ils s'étaient débrouillés avec mes avocats pour l'obtenir. Ils durent laisser entendre que la presse s'indignerait d'un énième refus de parloir, cette fois avec mes frères qui avaient fait le voyage tout exprès depuis l'Italie.

Normalement, vous êtes prévenu des visites à l'avance. « Préparez-vous pour le parloir », c'est la formule du surveillant pour vous donner le temps de boucler votre sac de linge sale à donner à laver. Evidemment, on ne me dit rien de cette visite inespérée. La serrure de ma porte claqua et je suivis mon escorte dans le silence habituel. Il était inutile que je pose des questions qui resteraient sans réponse. C'est une tactique éprouvée qui vise à maintenir le prisonnier dans un perpétuel état d'appréhension. La serrure claque, des visages inexpressifs vous invitent à sortir sans explication, et vous les suivez, le cœur serré. Vous ne savez pas ce qui vous attend derrière la prochaine grille.

Le parcours fut bref, jusqu'à une cabine blindée munie d'écrans. Dans ce lieu, le détenu n'a pas le droit de bouger d'un seul pas ni de regarder ce qui se passe autour. Un surveillant y actionne l'ouverture des grilles, plus ou moins vite selon ses motifs de laisser mariner celui qui attend là.

Je fus rapidement poussé dans un réduit puant, encrassé du sol au plafond. Deux mètres carrés, deux portes, deux chaises au milieu. Je n'osai pas m'asseoir. Pas seulement à cause de la saleté mais parce que je restais à l'affût, essayant de prévoir ce qui m'y attendait. Pour penser, j'ai besoin de rester debout. Assis, je ne me sens pas à la hauteur.

L'attente. La prison est faite aussi d'attentes. Peu importe si le surveillant qui vous a convoqué est désœuvré dans le bureau d'en face. Parfois, vous pouvez le voir, écrasant votre visage contre la grille pour l'apitoyer, même si cela ne marche jamais. Mais celui d'en face s'emmerde aussi. Peut-être plus que le détenu qui, de toute façon, n'a rien d'autre à faire. Ce qui énerve le type d'en face, c'est que lui n'a pas le droit de faire la gueule si on l'oblige à voir le temps passer. Croient-ils, les reclus, que c'est marrant pour un homme libre de se tourner les pouces tout au long de la journée ? Il n'aime pas du tout ces tronches piteuses collées aux barreaux, impatientes comme si le temps leur appartenait encore, qui s'imaginent que l'attente est de sa faute, au lieu de réfléchir un peu et se foutre enfin dans le crâne qu'il y a une raison à tout.

C'est vrai qu'en général, un prisonnier a du mal à comprendre. Pourtant, ces attentes apparemment inutiles tiennent une place non négligeable dans la stratégie de rééducation. Attendre des heures dans deux mètres carrés, s'imprégner de l'insalubrité du lieu, s'effondrer dans cet antichambre et, avec le temps qui s'éternise, prendre conscience de sa nullité. « Tu es poussière », voilà ce que l'attente veut apprendre au détenu.

Finalement, la porte s'ouvrit. Le surveillant jeta d'abord un regard circonspect à l'intérieur du cachot, au cas où je me serais démultiplié entretemps, puis laissa entrer mes deux frères.

Ils étaient souriants, on aurait dit qu'ils venaient pour une dédicace. Tandis que moi, les mains moites, je n'arrivais pas à articuler un mot. Dans mes souvenirs d'ancien taulard, c'était plutôt le contraire. Pour arriver jusqu'au parloir, les parents passaient par un parcours du combattant. Fouillés, trimbalés d'un bureau à l'autre, bloqués pendant d'interminables heures, ils arrivaient défaits. C'était moi alors qui devais leur remonter le moral, ramassant quelque plaisanterie au fond de mon âme.

— Eh bien, tu en fais une gueule. Pas content de nous voir ?

Ils m'arrachèrent un sourire. J'étais ému et en même temps surpris de les voir si ravis. Ils avaient certainement appris l'existence des manifestations de soutien et cela les rassurait. Entre moi et mes frères, il y a une différence d'âge de dix à quinze ans. Assez pour qu'ils puissent se permettre de prendre avec moi cet air de reproche, celui d'un père qui va visiter son fiston au placard.

Je revoyais leurs visages assombris à travers une vitre blindée, vingt-cinq ans plus tôt, lorsqu'ils faisaient un millier de kilomètres pour venir voir leur petit frère dans une prison italienne « spéciale ». Mes frères ne comprenaient pas ce qui m'était arrivé pour que je me retrouve dans ces lieux étranges et durs, qui n'étaient pas faits pour les délinquants, mais pour d'autres spécimens dont ils ne trouvaient pas le nom. Ils étaient dépassés par ce qui arrivait à l'Italie. A l'époque, leurs visages exprimaient reproche, incompréhension, et peur. Aujourd'hui, ils voyaient dans mon incarcération un accident de brève durée.

La crainte qui m'avait usé pendant l'attente se dissolvait dans leurs bras.

Ils regardaient la pièce minuscule, prenant bien

garde à ne pas s'approcher des murs dégoûtants de crasse.

— C'est dans cette porcherie qu'on accueille les familles ?

— Non, les parloirs sont ailleurs. Je ne sais pas pourquoi nous sommes ici.

— Bon. Ce n'est pas grave. Tu n'en auras pas pour longtemps.

Nous sommes une famille unie, « à l'italienne », comme on dit. Après mes huit années de cavale au Mexique, pendant lesquelles j'avais dû couper tous les ponts avec l'Europe par sécurité, je les avais retrouvés et plus jamais perdus. Quand ce n'étaient pas eux qui venaient me voir à Paris, c'étaient mes deux sœurs, mes neveux, les amis.

Mes premières années en France, avec ma femme et notre fille de six ans, avaient été très difficiles. Sans la famille, nous n'aurions pas tenu. Ils ne nous ont jamais lâchés, toujours présents jusqu'au bout de leurs possibilités. Depuis peu, j'arrivais à me débrouiller seul, tout au moins financièrement. C'était une petite victoire cultivée en famille. Tout allait pour le mieux, mes livres commençaient à se vendre, même en Italie, et j'étais content de pouvoir leur donner à mon tour quelque chose dont ils pouvaient tirer un peu satisfaction. Passer devant une librairie et se dire « ce livre, c'est notre frère ». A présent, « l'auteur » était de nouveau en prison. Repoussé dans un passé lointain, celui du conflit social.

Des pensées qui rebondissaient dans ma tête tandis que mes frères étaient tout à leur joie de me voir, tout à leur certitude que la France ne se rendrait jamais complice d'une manipulation des faits aussi grossière.

L'optimisme de gens francs est contagieux. Nous sommes des campagnards. Même si la vie nous a conduits ensuite vers le goudron de villes, nous a fait passer des frontières, nos raisonnements prennent toujours racine dans cette terre noire et forte de notre enfance. Je me débarrassai des ombres tristes et partageai avec eux ce qui nous restait de nos vingt minutes de parloir.

— Ça, c'est encore un coup fourré de la bande à Berlusconi, disait Vincenzo, le plus âgé. Mais la justice d'ici, ceux qui t'ont fait arrêter, ils croient vraiment que tu as tué quelqu'un ?

Je haussai les épaules. S'il m'avait posé la question deux semaines plus tôt, j'aurais répondu non sans hésiter. A présent, je me perdais en conjectures. Ils se foutaient bien de savoir si j'avais tué ou pas, dis-je à Vincenzo. Ce n'était pas cette question qui les motivait. Personne ne pouvait croire à une soudaine soif de « justice » vingt-cinq ans après. Non, cela ressemblait plutôt à une sale affaire entre politiciens.

— Un « assassin » ! Tu te souviens, à la maison, il n'avait même pas le courage de tordre le cou du poulet, le dimanche.

— Oui, il se cachait pour ne pas voir ça. Mais après, il ne faisait pas d'histoire pour en manger. L'aile, c'était bien ça son morceau préféré.

Ils papotaient souvenirs avec ce mélange d'allégresse et de nostalgie des grands qui ont effacé de leur tête toutes les misères de l'enfance.

— C'est vrai que des conneries, t'en as fait quand même. Comme la fois où t'as volé la voiture de ma belle-mère. Quand j'y repense, j'ai encore envie de t'en mettre une.

Je rougissais. Même avec mes cinquante ans, ils étaient toujours mes grands frères. Les deux portes qui s'ouvrirent en même temps nous replongèrent dans le présent souillé de l'enfermement. Rigides sur les seuils, les surveillants nous laissèrent le temps d'une dernière étreinte.

— Allez mon petit, ne t'inquiète pas. Avec tout ce monde de ton côté, ils ne peuvent pas te garder ici longtemps.

Mon petit. Je réintégrai ma cellule, bercé par ces deux mots.

Allongé sur mon lit, je rêvassais, passant d'un souvenir à l'autre, m'arrêtant sur une expression, un mot. Il suffisait d'un imperceptible mouvement de sourcils de mes frères pour me donner le sentiment d'être suspendu à un seul instant du temps, où passé et présent se mêlaient dans de multiples combinaisons qui ne changeaient rien au fond de l'histoire. Toute ma vie dans une seule ligne, dans un livre, qu'on pouvait commencer à lire par n'importe quelle page sans perdre le fil du temps. J'en avais des frissons. J'avais beau m'accrocher au concret, à mes enfants qui étaient nés et qui avaient grandi, scandant par une suite d'événements une chronologie irréfutable, la sensation d'être une incise dans un discours venu d'ailleurs ne se dissipait pas.

Des coups contre le mur me firent bondir du lit. C'était H.

— As-tu entendu les infos? Le conseil municipal a décidé de te placer sous la protection de la ville de Paris.

— « Sous la protection »? Qu'est-ce que cela veut dire?

— Je n'en sais rien, mais ça doit compter énormément.

Plus tard, dans ma ration de courrier, je repérai une enveloppe de la Ville de Frontignan. Je m'attendais à un mot de solidarité, comme j'en avais déjà reçu de plusieurs mairies de France. Au lieu de cela, j'avais entre les mains un document officiel qui me nommait « citoyen d'honneur de la ville ».

Frontignan, je connaissais. J'y avais été invité plusieurs fois par « Soleil noir », une association créée par l'ami Michel Gueorguieff qui, depuis des années, y organisait un festival international du polar. C'était un rendez-vous important, où la grande famille des polardeux se retrouvait au complet. Les rencontres avec les lecteurs, les débats, la « brazoucade » de moules le samedi soir sur la plage. C'était le Midi, la chaleur des gens, cette mer et ce soleil qui me rapprochaient un peu de mon pays où je ne pouvais plus aller.

Je retournais le document entre mes mains et me souvenais des discours du maire. Sans formalisme, il parlait en vérité et regardait les gens en face. Il avait des choses à dire, clairement et simplement, il aimait ce qu'il faisait pour sa ville.

Citoyen d'honneur de Frontignan, cela me plaisait, il y avait du soleil. Pourtant, peu à peu, l'ombre me rattrapait.

Deux nouvelles pareilles en un jour auraient dû me rassurer. Je pouvais compter sur des appuis qui dépassaient de loin mon imagination. Que me fallait-il d'autre pour éteindre la lumière et passer enfin une nuit sans craintes ? Pour chasser l'ombre, je me répétai qu'il était légalement impossible de m'extrader. J'avais déjà été déclaré non extradable par la Cour d'appel de Paris, la justice n'avait aucun moyen de revenir sur un jugement définitif. On ne peut pas juger un homme deux fois. La loi est la loi. Ils s'en foutent, me soufflait l'ombre. Non, lui répondais-je, pas ici, pas en France. Je rationalisai les faits, j'embrassai ce soutien immense et inattendu. Mais ce n'étaient que des constatations mécaniques, tandis qu'une autre pensée prenait forme. Pourquoi moi ?

Les jours suivants, je dis mon inquiétude à mes avocats. Ils me répondaient avec un sourire, puis m'annonçaient la prochaine manifestation autour de la Santé, ou l'engagement de telle nouvelle star en ma faveur. C'était d'ailleurs ce que je voulais entendre. Je partageais leurs préoccupations concernant les autres réfugiés, dont certains se trouvaient dans des situations juridiques difficiles. Au lieu que j'étais, moi, protégé par la loi française.

Dans la solitude de ma cellule, je m'étais déjà demandé mille fois comment faire pour que ce mouvement de soutien s'étende au problème général des exilés italiens en France. J'avais une petite idée là-dessus et, pour cela, je comptais sur l'aide de quelques ex-camarades. Si jamais j'arrivais à mettre les pieds dehors.

— Tu n'as rien à craindre, répétaient mes avocats. Dans quelques jours, tu seras remis en liberté. Le procès sur l'extradition n'aura pas lieu avant un mois ou deux, mais ce ne sera qu'une formalité. Juridiquement, ils ne peuvent rien contre toi. C'est plus inquiétant pour les autres.

C'était raisonnable. Je devenais un peu paranoïaque, voilà tout. Rien de grave, c'était une réaction normale. Sinon, à quoi sert la prison?

A réfléchir. Ce n'est pas le temps qui manque, mais cela ne fait pas l'affaire de la direction. Trop penser est dangereux. La tête chauffe, cela donne de mauvaises idées, des revendications, et c'est le début des troubles. C'est pour les éviter que la télévision a été introduite dans les cellules. Par le passé, j'ai connu des détenus capables de s'arrêter de fumer pour pouvoir se payer la location du petit écran. Ils y restaient collés jour et nuit. Ils n'en démordaient plus et, à la fin des émissions, ils regardaient encore le logo. Un cancer beaucoup plus lent que celui du tabac, mais d'une efficacité indiscutable. La direction bloquant toujours mon argent, j'étais privé de télé. Alors je pensais beaucoup, j'imaginais des choses.

Au fil des jours, le mouvement de soutien déborda le milieu littéraire pour s'étendre aux champs culturel et politique. Quelque ténor osait même aborder le thème de l'amnistie pour les rescapés des années 70. D'après H., qui était constamment à l'affût des infos, les affiches demandant ma libération proliféraient dans le pays. On s'occupait de moi, je pouvais dormir tranquille. Tout cela, qui aurait dû m'apporter du courage, me faisait l'effet contraire. Je me sentais de plus en plus petit, dépouillé. Ce froid qui me gelait les os, même enroulé dans ma couverture, pendant que les autres dormaient fenêtre ouverte, venait de l'intérieur. De mon esprit qui se vidait peu à peu pour aller alimenter le spectacle extérieur. C'était tout juste un sentiment dont je ne trouvais pas l'explication. C'était la trouille et j'en avais honte.

Je m'accrochai à l'idée qu'une fois sorti, ma famille et mes amis proches m'entoureraient, que tout ceci ne serait plus qu'un détestable souvenir de prison. Et puis, il y avait les ex-camarades. Ils foutaient le bordel dehors, je sentais leur proximité. La solidarité, leur longue expérience de la défense du droit d'asile auraient dû me mettre à l'abri de cette étrange sensation de vide qui glaçait mes nuits à la Santé.

4. *La traque*

Puis le jour J arriva. Le matin de bonne heure, un surveillant vint m'avertir de me tenir prêt pour mon transfert au Palais. Je ne devais pourtant passer devant la Cour que l'après-midi. Mais un détenu n'a pas de questions à poser. Il obéit, point.

J'attendis jusqu'à midi. Entre-temps, j'avais épuisé toutes les méthodes imaginables pour conserver mon calme. En attendant la première fouille, j'avais des sueurs froides. Juste le temps de me rhabiller et cela recommençait avec les gendarmes. De nouveau à poil, ils exigeaient de regarder mon trou du cul. Je refusai. Les Basques avaient fait de même. C'était leur jour à eux aussi. Enfin, déploiement d'hommes et de sirènes : transport de terroristes. Dans le sous-sol du

Palais, troisième fouille. Les gendarmes nous laissèrent ensuite mijoter un peu, chacun dans une cellule fétide et puis, les mains toujours menottées dans le dos, nous effectuâmes le parcours des rats pour émerger dans cette pièce à la lumière blanche et forte que j'avais connue treize ans auparavant. Avant de m'enfermer dans une cabine minuscule, un jeune gendarme m'informa que le maire de mon arrondissement – le IXe – se tenait devant le Palais, avec les couleurs de la patrie. Je transpirai de plus en plus.

Les Basques passèrent en premier. J'étais bouclé juste à côté de la chambre d'instruction et je pouvais les entendre. Ça gueulait fort dans leur langue. Ils récusaient l'interprète espagnol.

Au bout d'un moment, dans ces quatre-vingts centimètres carrés, je tombai sous l'effet de la claustrophobie, jusqu'alors inconnu. Quand mon tour arriva et que j'entrai dans la salle du tribunal, il me restait à peine la force de tenir debout. Pendant plusieurs minutes, je ne vis rien. Les avocats me tendaient la main, je la serrais mécaniquement. Je fermais et rouvrais les yeux pour chasser ce brouillard qui m'empêchait de discerner ce qui se déroulait autour de moi. Je percevais juste le souffle des gendarmes derrière moi. La procédure était en route. J'entendais la voix de l'avocate générale qui bafouillait je ne sais quoi pour s'opposer à ma remise en liberté.

Peu à peu, j'arrivai enfin à voir clair. La salle était pleine, je repérai les visages un à un. Ils étaient tous là. Mes enfants, leur mère, M. avec sa famille, mes amis les plus chers, ils étaient tous venus. Je me demandai quel effet cela devait leur faire de me voir dans ces conditions. Je cachai mes mains sous le banc, elles tremblaient peut-être.

Cette femme parlait toujours, elle venait de dire « assassin ». J'ai voulu voir de quelle bouche sortait un mot pareil. Mais il n'y avait rien à voir, juste un aspect fade dû à l'excès de son uniformité. Un regard du côté de la Cour ne fut pas pour me réjouir. L'expression du Président me rappelait une image de Lazare juste après sa résurrection, il ne voulait pas que cela s'éternise. Tout ce monde dedans et dehors qui attendait sa parole, il n'aimait pas cela.

A leur tour, les avocats balayaient les arguments fallacieux de l'avocate générale. Ils faisaient valoir la solidité des garanties qui rendaient injustifiable mon maintien en prison jusqu'au procès. L'avocate générale pouffait sur sa chaise comme une gamine qui ne veut pas écouter la leçon. Assis sur son siège d'épines, le Président me donna la parole. Je n'entendis pas ma voix sortir, mais j'ai dû quand même prononcer quelque chose qui, d'après mes amis présents, allait peser dans la balance. Enfin, la Cour se retira et je réintégrai ma cabine.

D'habitude, une décision de mise en liberté provisoire ne prend pas plus de quelques minutes. Que la Cour se retire est une pure formalité, les jeux sont faits d'avance. Les juges prennent juste le temps de boire un café puis reviennent énoncer leur sentence. Cette fois, ils tardaient. Les gendarmes qui me surveillaient s'étonnaient de ce délai. Je les voyais consulter leurs montres. Serré dans ma minuscule cabine, trop occupé à contrôler ma respiration pour éviter une autre crise, j'étais incapable de penser à la suite. Je voulais juste sortir de là, respirer. Je ne pouvais m'empêcher de maudire celui qui avait conçu une pareille torture. Il faut être vraiment malade pour imaginer ce genre de réduits, un demi-cercle de cachots-cercueils placés à la verticale.

Après je ne sais combien de temps, j'entendis un bruit de portes. Je collai mon oreille à la vitre. Oui, c'était pour moi.

Les yeux à présent habitués au brusque changement de lumière, je remarquai la pâleur des membres de la Cour dès l'entrée. Je ne pouvais pas voir la mienne. Coincés entre les ordres reçus et l'enfer médiatique qu'ils allaient déchaîner en me rejetant en prison, ils avaient dû passer un mauvais moment autour de la machine à café.

La voix vacillante, le Président annonça la décision de ma remise en liberté. Sous condition de pointer chaque samedi au commissariat, de ne pas approcher des gares ni des aéroports, et de ne pas quitter l'Ile-de-France. Je m'engageai à me présenter spontanément à l'audience, dont la date restait à fixer.

Le public explosait de joie, moi et les avocats aussi. Sur un signe du Président, les gendarmes poussaient tout le monde dehors, pendant que les miens s'affairaient avec les menottes. Avant de quitter la salle, j'ai voulu lancer un dernier regard à cette femme qui m'avait appelé « assassin ». Elle était grise.

Il était 22 heures passées lorsque, enfin, le portail de la Santé se referma dans mon dos. Qui n'a pas eu le malheur de passer par là ne peut pas se figurer l'émotion d'un détenu sortant de prison. C'est comme être bombardé par les rêves les plus beaux de toute une vie. A vous rendre cinglé de joie. Y a-t-il des situations qui peuvent susciter des sensations plus intenses ? Oui, sortir de prison et être accueilli à bras ouverts par une foule d'amis.

Je fis mes premiers pas en liberté cerné par un groupe de CRS. Ils empêchaient ma famille et mes amis d'approcher, mais ils permettaient à une horde de journalistes de se livrer à l'assaut. Je me souviens d'un grand costaud en uniforme qui fit baisser mon poing levé d'un coup de coude dans les côtes à me couper le souffle.

Aujourd'hui, revoyant la scène, il m'apparaît évident que ce grand costaud n'était pas là par hasard. Il avait reçu des ordres précis. Je revois encore sa gueule marquée par l'expérience, pendant qu'il sélectionnait les micros qui me clouaient au mur de la Santé, et qu'il en écartait d'autres.

Mais, sur le moment, je n'étais pas en condition de discerner tout cela. Sous le coup de l'émotion, je tombai droit dans les pièges de ces journalistes triés sur le volet. Je fis des déclarations qui, par la suite, habilement coupées et remontées, allaient donner matière à ma transformation en monstre. Mes premiers mots, en faveur de détenus en train de mourir de maladie pendant qu'on libérait des hommes de pouvoir pour un simple rhume, étaient parfaits à utiliser pour illustrer l'esprit indomptable d'un « terroriste ». Mon poing levé en un geste de soulagement et d'excitation, ma grimace face aux éclairs aveuglants des flashes, ma veste en cuir noir, tout cela, capturé au zoom, allait bientôt compléter le portrait bâti à l'avance de l'« assassin ». Ministres, ambassadeurs, magistrats compromis, « journalistes » de service et affairistes de tout acabit, une fois remis du choc que leur avait causé l'inattendu mouvement de soutien, allaient lancer la contre-offensive et parler d'une seule voix pour m'accabler.

Après avoir achevé leur travail de tri des médias, les CRS quittèrent les lieux, laissant le champ libre à la foule des amis, jusqu'ici contraints de suivre le cortège à distance. Parvenu au bout de la rue, j'arrivai enfin à serrer mes enfants dans mes bras, et quelques proches. Je les aurais tous embrassés un par un mais nous y aurions passé la nuit. Je ne savais même plus où j'étais, je cherchais mes avocats, mes ex-camarades, je n'en voyais que deux ou trois. Je me demandai où étaient passés les autres quand mon regard tomba sur Fred Vargas. Elle s'ouvrait un chemin dans la foule, venait se jeter dans mes bras. Son étreinte était puissante et entêtée. On aurait dit que c'était elle qui sortait de prison et moi, la bouée de sauvetage.

Avec d'autres auteurs de renom, Fred Vargas avait signé une pétition pour ma libération. Après des années en marge du grand public, le succès lui était tombé dessus, elle était maintenant un auteur connu. C'était surprenant de la voir en ce moment, m'embrassant avec autant de chaleur.

Nous nous étions par le passé rencontrés plusieurs fois dans des festivals. Parfois côte à côte dans une séance de dédicace, ensuite à boire des coups pendant la fête de clôture. Il nous était arrivé d'échanger quelques mots, peut-être aussi de manger à la même table. Mais même dans une famille comme celle du polar existent des petits groupes d'affinité. Le lendemain, dans le train qui nous ramenait à Paris, c'était chacun avec les siens jusqu'au prochain salon. Maintenant elle était là, elle me serrait fort.

Je lisais rarement les romans des auteurs que je connaissais. De peur de ne pas les aimer et de perdre ma spontanéité avec eux. Mais, suite aux conseils de l'ami Claude, j'avais lu le titre qui avait lancé Vargas dans les étoiles. J'avais aimé et conseillé la lecture à mes proches. Dommage qu'elle ne prenne plus le même train que moi. On s'était perdus de vue, jusqu'à cette nuit devant la Santé où ses larmes se mélangeaient aux miennes.

Par la suite, Fred Vargas allait animer un des comités de soutien parisiens parmi les plus actifs. Je la regardais faire. Elle était infatigable, passant du téléphone à l'ordinateur, allant d'un rendez-vous à l'autre. D'où puisait-elle cette formidable énergie, je ne le savais pas encore. Ecrasé par les événements inattendus qui se déroulaient sous mes yeux, j'arrivais juste à me demander si je méritais tous ces efforts que Fred, parmi beaucoup d'autres, faisait pour moi et pour la cause des réfugiés italiens.

Mais en cette nuit du 3 mars, à côté des murs hauts et gris de la Santé, il n'y avait place que pour la fête. Une soirée s'organisait chez Fred, d'autres amis en lançaient ailleurs. Je laissai mes sacs pleins de courrier à mes enfants et à leur mère et je me laissai trimbaler de fête en fête. Intimidé par la joie de toutes ces personnes, je serrai des mains, embrassai du monde et bus des coups pour la première fois depuis longtemps.

Tard dans la nuit, à bout de force, j'arrivai à me dégager et rentrai chez moi en compagnie d'un de mes frères. Mon appartement est si petit qu'il suffit d'allumer une seule lampe pour tout voir. Enroulé en boule sur ma chaise, mon chat ouvrit juste un œil. Il me faisait la gueule.

On avait travaillé chez moi pendant ma détention. Il y avait des piles de papiers partout, l'ordinateur était resté en veille. Je passai la main dessus, une caresse pour l'indomptable compagnon des voyages interdits. Puis, savourant chacun de mes gestes, je dépliai le divan dont le matelas avait l'épaisseur d'une feuille. C'était mon lit.

Mon frère me regardait faire. Avec l'air de celui qui, avant d'éteindre la lumière, se demande s'il ne reste pas quelque chose d'important à dire. Le temps d'un sourire, avant que la fatigue ne l'emporte.

Cette nuit-là, je rêvai de mon frère aîné, Giorgio. Il sonnait à ma porte en pleine nuit. Je ne voulais pas ouvrir à cause de l'heure. Mais du coup, je me retrouvai dehors, marchant dans la nature à ses côtés. « Regarde, me disait-il, il y a des oiseaux. » J'observai distraitement le ciel et haussai les épaules. C'étaient de grands oiseaux noirs que je connaissais déjà. « Mais viens, insistait-il, ce n'est pas fini. » Je ne savais pas où il voulait en venir, je m'arrêtai pour le regarder. Son visage était souriant, beaucoup plus jeune que la dernière fois où je l'avais vu. « Non, répondais-je, il faut que je dorme, ou je ne pourrai pas me lever demain. Il est déjà 3 heures et demie. » A cet instant, je me réveillai. Ma montre marquait exactement 3 h 30.

Je ne crois pas aux esprits des morts ni aux interprétations des rêves, mais je n'arrivais plus à refermer les yeux. Impressionné par la coïncidence d'heure, je regardais le temps s'écouler sur ma montre. J'avais peur que Giorgio ne revienne avec ses oiseaux noirs.

Je me levai tôt le lendemain et repris mes tâches de concierge. Le deuxième gauche ne donnait pas signe de vie, et je savais pourquoi. L'occupante avait provisoirement quitté les lieux, sans doute sur le conseil de la police et sous sa protection. Pendant des années, j'avais entretenu avec cette femme et sa famille des relations amicales. Parce que nous nous entendions bien, le rôle qu'elle accepta de jouer dans cette affaire reste pour moi un triste mystère. Etant un homme libre, en règle et non extradable, il était impossible de me faire arrêter sans motif. Le ministère imagina donc une fausse plainte de voisin – que le ministre lui-même certifia ensuite à la télévision – qui permettait de m'interpeller puis de « découvrir », en vertu d'une fausse note des Renseignements généraux, que j'étais « extradable ». A partir de ces deux faux, la machine pouvait être lancée. Ce fut cette femme qui accepta de déposer la plainte contre moi. Les raisons qui ont pu la pousser à exécuter cette mission me restent une énigme. Je sais seulement qu'elle comptait un préfet dans sa famille, elle m'en avait parlé. C'est peut-être par cette voie qu'avait germé et transité la manipulation, depuis le ministère jusqu'à ma voisine, mais au prix d'une gaffe grossière : car depuis quand le département antiterroriste s'occupe-t-il des plaintes de voisinage domestiques ?

Aucune importance, à présent j'étais libre et je recevais les manifestations de solidarité de tous les autres locataires et du quartier entier. Paris ne m'avait pas quitté. Je ne pouvais pas faire dix mètres dehors – et ce jusqu'à mon départ – sans que des gens viennent me serrer la main et m'offrir des mots d'encouragement. Au point que, après quelques jours, j'allai faire mes courses plus loin car les commerçants de ma rue voulaient toujours m'inviter ou me faire un prix.

Ce même jour, j'acceptai une brève interview pour les informations de France Inter. J'étais bien remonté et j'attaquai les déclarations mensongères d'un ministre de la Justice que son langage et ses actes illégaux disqualifiaient à mes yeux. Je rappelai aux auditeurs les promesses solennelles faites par la France aux réfugiés italiens, je parlai de sa loi piétinée pour rendre service au gouvernement italien, dont le chef était le meilleur élève de la mafia. Je revins aussi sur la vérité sanglante des années 70, sur la responsabilité des autorités de l'époque. Car les attentats à la bombe perpétrés par certains services d'Etat, nul n'en parlait, les actions meurtrières de l'extrême droite, les coups d'Etat organisés par la célèbre loge P2 – dont l'actuel chef du gouvernement et son ministre de l'Intérieur avaient fait partie – tout cela était gommé. On eût cru que les années de plomb se résumaient à une poignée de terroristes enfiévrés dévastant le pays sans raison. J'évoquai cela comme je le pus, je croyais à mes efforts pour rétablir un peu de vérité.

Quelques minutes à peine de défoulement. Puis je me retrouvai dehors, brusquement figé devant un passage clouté, regardant, immobile, le feu qui passait du vert au rouge. Des mots enfouis dans ma mémoire refaisaient soudain surface.

C'était deux ans auparavant, juste avant l'extradition de Persichetti. Un homme très proche du gouvernement italien m'avait recommandé de cesser mes déclarations sur les années de plomb et mes « prétendues reconstitutions historiques ». « Ça va mal tourner pour toi », m'avait-il dit.

A l'époque, je n'avais attaché aucune importance à ces avertissements. Je n'étais qu'un modeste figurant, comment aurais-je bien pu déranger là-haut? Et puis, que pouvaient-ils contre moi ? Rien. La justice française avait déjà tranché et refusé mon extradition. Je l'envoyai donc se faire voir et continuai ma route.

Les mots de cet homme, à présent accompagnés d'une toute autre musique, m'empêchaient de traverser la rue. « Ça va mal tourner pour toi. »

Pour chasser ces sensations noires, je me répétai que ma libération prouvait qu'ils n'avaient pas les moyens de se payer ma peau. En même temps, j'y trouvais d'autres explications contraires et plausibles. Me libérer pour calmer le mouvement de soutien, me reprendre par la suite. Il fallait que j'arrête de penser, il fallait agir. J'étais simplement le premier d'une longue liste. Si je tombais, les autres tomberaient derrière. Mais que fabriquaient-ils, les réfugiés ?

Mon portable ne cessait de sonner, la messagerie était saturée. Entre un rendez-vous et un autre, je vérifiais les appels et je répondais aux plus urgents. Avec tout ce qu'il y avait affaire, je ne touchais plus le poste fixe, occupé par les journalistes. Je laissai tomber aussi le courrier électronique, impossible à suivre avec des centaines de mails par jour, y compris ceux de l'extrême droite dont j'aurais, bientôt, à partager les insultes et les menaces avec le maire de mon arrondissement et son équipe, M. Jacques Bravo.

A l'instant même où j'écris, je suis bouleversé par la personnalité de cet homme. Aux antipodes de la rouerie de quelques incrustés de l'industrie culturelle, des rigolos bien capables de vous faire la révolution entre deux coupes de champagne, je fus souvent impressionné par des réactions inattendues à mon affaire. Je veux parler de gens qui prirent position de manière désintéressée et résolue, et qui tinrent leurs convictions jusqu'au bout. Je me sens tout petit quand je pense à la dignité de ces hommes et de ces femmes qui ont continué à défendre sans hésitation et la personne et les principes, dans une lutte perdue d'avance. Je sais d'où l'on prend ce courage, mais je ne trouve pas de mots pour le dire. Il y a un chemin à parcourir pour conserver sa liberté d'esprit, et il n'est pas simple. Tout seul, on s'y perd facilement. Moi, dans mon isolement, je m'étais sans doute égaré, et je ne voyais plus comment. Au nom de quel « réalisme politique » le maire du IXᵉ arrondissement s'insurgeait-il en défense d'un petit écrivain transformé du jour au lendemain en terroriste sanguinaire ? Cet homme, que je n'avais jamais vu auparavant, allait s'exposer aux insultes, mettre en jeu son image publique, risquer la confiance de son électorat, résister aux pressions politiques, et n'allait pas reculer d'un pas. Tout cela au nom d'une cause qu'il savait désespérée. Pourquoi faisait-il cela?

Voilà ce qui est impressionnant. Dans une époque où la politique, dans le sens noble du terme, n'a plus de place, où les élus n'ont plus désormais qu'à gérer au mieux les lois du marché et leur propre image, dans cette société qui est la nôtre, au cœur même de Paris, résiste toujours un homme. Il ne me restait plus qu'à gagner ma place à bord de ce « navire des justes », selon l'expression qu'emploiera plus tard Jacques Bravo. Mais au moment où je sortais de prison, et dans l'enfer qui succédait, j'étais loin de ce genre de réflexions. Perdu et intimidé, je pris rendez-vous avec mon maire. Je n'avais pas le droit de quitter Paris pour rencontrer d'autres élus, mais j'avais au moins la possibilité de lui serrer la main, à lui. Et de savoir pourquoi. Il avait une explication, monsieur le Maire, très émouvante, mais sa meilleure réponse, celle qui rendit inutile toute autre question, je l'eus dans son regard droit.

Pendant ces premiers jours en liberté, je courus d'une réunion à une autre. Il était nécessaire que l'on s'exprime au nom de tous les réfugiés italiens, qu'on ne transforme pas mon arrestation en une affaire personnelle. Tous les groupes de soutien ne s'accordaient pas toujours sur ce point mais chacun prenait conscience du danger collectif et, très vite, personne ne se prononça plus en public sans évoquer le problème dans son ensemble. Malgré les premiers débuts d'une offensive dans la presse française, les polardeux et compagnie assumaient et avançaient. Je courais, mais en réalité je touchais le fond et bientôt, j'allais perdre toute énergie. Je ne le savais pas encore et je fonçais.

Les rencontres avec les ex-camarades réfugiés étaient épuisantes. Je ne parle pas ici de cette poignée d'amis véritables qui n'a jamais eu besoin d'urgences ni de causes pour se retrouver. Ni de la plupart des autres qui restaient chez eux la tête bien enfoncée dans les spaghetti. A vrai dire, seul un petit groupe, vibrant au son de quelques trompettes essoufflées des années rouges, s'activait beaucoup autour de mon affaire. Ils m'accueillaient toujours avec cet air lugubre et comploteur d'un comité central. En même temps, ils frétillaient. La popularité qu'avait soudain acquise la cause des réfugiés était aussi pour eux une occasion en or de dépoussiérer leurs vieux habits de leaders politiques et d'émerger du sous-sol où l'Histoire les avait remisés. Depuis que j'étais sorti de prison, je n'avais pas reçu d'eux un seul coup de fil pour me demander simplement comment j'allais, ou si moi et ma famille avions besoin de quelque chose. Je me souviens d'une soirée où je croisai R. Une femme qui figurait dans la soi-disant liste d'extradables, et dont j'appréciais beaucoup la franchise, et une rare pureté d'âme. C'est d'ailleurs ce que je préfère garder d'elle. R., après avoir timidement répondu à mon salut avec la candeur qui lui était propre, me demanda : « Pourquoi ne m'as-tu jamais appelée ? » Je la regardai, elle était sincère, il fallait lui répondre. « C'est moi qui viens de sortir de taule. C'est moi qui risque l'extradition. N'était-ce pas à toi de me dire un petit mot de réconfort ? » R. ouvrit grand les yeux. Elle n'avait jamais vu les choses sous cet angle. Et R. était bien loin d'être la plus hargneuse.

Quand ce n'était pas pour me faire des reproches, ces ex-camarades ne s'adressaient à moi que pour qu'on leur ouvre une porte jusque-là fermée. Ce n'était que le début, je n'y voyais encore rien de vraiment hostile.

Je voudrais et j'aimerais tant parler d'eux en d'autres termes, gratter l'écorce dure pour faire apparaître la chair, mais je n'y arrive pas. Il est vrai qu'avant déjà nous nous fréquentions peu, sinon dans les moments où ressurgissaient les récurrentes menaces d'extradition. Mais ce n'est pas ce caractère épisodique de nos liens qui empêche mes mots de couler. Je pourrais parler sans frein du sourire d'un inconnu, pourquoi pas de ces réfugiés avec qui je partageais le même drame ? Je ne sais pas. Chaque fois que je cherche une réponse plus profonde, après avoir arpenté la pièce, je revois toujours le même groupe de gens disloqués, aux gestes nerveux, aux mots incohérents. Je ressens alors un douloureux sentiment d'étrangeté. Comme au cours de ces jours infernaux quand je n'arrivais pas à leur parler, quand je ne trouvais pas les mots pour leur expliquer ce Paris enfui qui n'était plus le mien. Et pourtant, je faisais partie d'eux.

Finalement la date du procès fut fixée au 30 juin et rendue publique. Entre-temps, une cellule de professionnels italiens, spécialistes des tactiques de propagande, avait été constituée à l'ambassade. Le jour suivant, elle ouvrit le feu pour faire basculer l'opinion publique. Ses membres opérèrent avec une efficacité et une puissance impressionnantes. Ils avaient eu tout le temps pour placer leurs francs-tireurs dans tous les points stratégiques : presse, magistrature, lobbies politiques, associations de victimes, repentis rappelés au service, tous les terrains étaient couverts. La campagne d'intoxication commençait, elle allait continuer sans relâche jusqu'au verdict.

Pour la presse française, y compris celle qui avait d'abord crié à l'injustice, je devins du jour au lendemain un impitoyable assassin. J'apparaissais à présent, non plus à la page Justice, mais à celle du terrorisme, aux côtés même de Ben Laden. Je n'arrivais pas à y croire. Hormis quelques courageuses exceptions, les journaux qui m'avaient jusque-là défendu retournaient leur veste tous ensemble pour m'accabler. Avec le même langage, les mêmes refrains, les mêmes termes, c'est-à-dire avec la même source. Jusqu'à mes romans et mes déclarations publiques anciennes, tout avait été passé au crible. Mes propres mots, sortis de leur contexte, se muaient en projectiles. La fiction devenait réalité. On montait en épingle des fragments de dialogues imaginaires, que j'avais écrits pour mes livres. Soudain, je devenais un monstre parfait, soigné dans ses moindres détails.

Fred Vargas et les amis s'activaient comme des forcenés pour contenir l'avalanche, mais leurs efforts étaient comme une goutte d'eau dans une mer en tempête. Quand on leur permettait de placer un mot, notoriété oblige, les adversaires emplissaient aussitôt les pages du même journal de leurs versions fantasques. Versions si délirantes et incohérentes qu'elles étaient une insulte au bon sens du lecteur, si celui-ci avait disposé de quelque autre moyen de s'informer.

Fred ne désarmait pas. Sa voix dérangeait la cellule de l'ambassade. Ils firent tout pour qu'elle change de camp, au moins pour la réduire au silence, avec les plus lâches méthodes. Tout d'abord à la bonne franquette, l'approchant à la sortie d'un débat : « Madame, écoutez-moi, vous vous trompez. C'est un assassin. Il est dangereux. » Puis vinrent les pressions plus dures. Mais ils ne savaient pas à qui ils avaient affaire. Fred connaissait le dossier de près, avait tout lu et constaté personnellement le non-fondé des accusations, la folie des condamnations par contumace. Fred est minutieuse, elle doit savoir et toucher pour croire. Ce n'était certainement pas l'ignorance hargneuse et la vulgarité des hommes de main de l'ambassade italienne qui pouvaient l'ébranler.

Elle m'appelait tous les jours, me conseillait de ne pas acheter les journaux, de ne pas écouter les informations. J'étais à bout et elle l'avait compris. Mais on a beau fermer les yeux et se boucher les oreilles, je ne pouvais pas m'abriter du marathon haineux de mes adversaires. Ils avaient réussi à réduire en miettes la doctrine Mitterrand, cet ancien engagement de la France qui protégeait les réfugiés italiens contre toute extradition. La parole de l'ancien Président de la République, qui avait engagé l'honneur de la France, était, à mots plus ou moins couverts, présentée comme celle d'un protecteur de criminels.

Cependant les comités de soutien ne reculaient pas, et leurs adversaires modifièrent leur stratégie en conséquence. Ils quittèrent le champ politique, ils cessèrent d'utiliser les termes de « réfugiés », d'« extradables » ou d'« exil », pour cibler strictement leurs attaques sur l'homme. Il ne s'agissait plus de « parole donnée », mais de moi. Juste un meurtrier de droit commun dont l'Italie réclamait la tête.

Pour l'occasion, on fit remonter au créneau ce procureur italien, très compromis dans les horreurs de la répression judiciaire qui avait ravagé l'Italie des années 80. Cet homme, qui aurait pu donner des cours aux bourreaux des dictatures sud-américaines de l'époque, fut accueilli à bras ouverts par la grande presse française, qui publia abondamment ses propos, sans jamais signaler son implication personnelle dans mes procès conduits en mon absence. Sur les plateaux de télévision, il prononçait le terme « assassin » tous les deux mots, autant de fois que nécessaire pour le loger profondément dans la tête des auditeurs. Il se faisait accompagner par des membres des familles des victimes de l'époque. Il avait fallu qu'un ministre italien promette publiquement « l'indemnisation de toutes les victimes de Cesare Battisti » pour que ces malheureux acceptent de s'exposer en public comme ils l'ont fait. A ces familles qui parlaient de moi sans me connaître, récitant des mots qu'on leur avait mis dans la bouche, je demande pardon pour la douleur et le deuil qu'elles ont portés. Car même si je n'ai jamais ouvert le feu sur personne, je me sens en quelque sorte politiquement responsable de ce qui leur est arrivé.

Le niveau le plus ignominieux de la presse à scandale était atteint. Désormais, Cesare Battisti, le monstre, avait tout fait. J'étais devenu à la fois l'« idéologue », le « fondateur », l'« organisateur » et l'« exécuteur » de tous les actes signés par le groupe des PAC.

Le battage médiatique faisait appel à de vieilles cloches de l'ex-PCI. Vingt-cinq ans plus tard, l'Italie voulait encore sauver les apparences, enfouir dans l'oubli ses bombes et ses coups d'Etat, effacer la réalité des années de plomb que ses gouvernants refusaient toujours d'admettre, quelle que soit la vérité de l'Histoire. Les hommes de l'ex-PCI, toujours en place, et qui avaient fait tant de zèle pendant les années de la répression sauvage, s'emportaient contre ceux qui expliquaient qu'un immense conflit social avait déchiré le pays. Non, il ne s'agissait que d'une poignée d'assassins qui osaient discréditer l'intouchable démocratie italienne, fondée sur la Résistance. Mais au moins, ceux qui étaient au pouvoir à l'époque avaient bien connu le conflit. Tandis que ceux d'aujourd'hui, réfugiés dans le centre-gauche, se montraient plus royalistes que le roi. S'unissant sous la férule de Berlusconi, de l'ancien PCI à l'extrême droite, l'Italie réclamait les anciens rebelles pour l'exemple, et pour qu'ils se taisent enfin. « La France d'en haut » lui tendait la main et, au nom de l'unité nationale et de l'intégration européenne, on se payait le « monstre Battisti ».

La cellule de l'ambassade avait ainsi acquis des appuis jusqu'au centre-gauche, venu rejoindre la majorité facho-berlusconienne. Encore faudrait-il définir ce centre-gauche italien, qui n'a rien de commun avec ce qu'on connaît en France. En comparaison, un parti français centriste ferait figure de gauche extrême. C'était curieux, d'ailleurs, d'entendre ces hommes de « centre-gauche » parler le même langage, au mot près, que le grand chef de l'extrême droite française, qui les complimentait. Une union belle à en pleurer, mais des larmes, il ne m'en restait qu'une, et je la gardais pour mes enfants.

Il était temps que le plus sérieux et important quotidien français change d'avis. Lui qui avait publié deux semaines auparavant un éditorial pour ma défense fit intervenir son « médiateur » qui expliqua, sans vergogne ni sens du ridicule, dans un nouvel édito mal écrit, qu'il fallait excuser son patron et son journal pour la position erronée qu'ils avaient prise à mon égard. C'est qu'ils ne savaient pas que j'étais un « terroriste », c'est qu'ils ne connaissaient pas bien la « doctrine Mitterrand », et ainsi de suite. En somme, je pouvais être extradé.

Je dus relire cet article plusieurs fois pour m'en convaincre. J'avais le plus grand mal à admettre que le journal qui faisait le prestige de la presse française dans le monde entier puisse atteindre un aussi bas niveau.

Mais que leur arrivait il, à tous? Pourquoi ces journalistes ne faisaient-ils plus leur métier? Pourquoi ne consultaient-ils pas les procès-verbaux pour en avoir enfin le cœur net? Pourquoi prenaient-ils pour argent comptant les argumentaires bien arrangés que leur fournissait l'ambassade italienne ? Aveuglés par l'efficacité de la propagande, ils ne venaient pas me voir pour entendre ce que j'avais à dire. Accompagnés d'un photographe prêt à saisir le moindre signe d'ambiguïté, ils ne me cherchaient que pour me poser une seule et même question : « Avez-vous tué ? » Et moi, je ne pouvais pas répondre à cette question sans briser la ligne de défense décidée par mes avocats : une défense collective, qui luttait pour une protection de tous les réfugiés italiens sans discrimination, quels que soient les faits anciens, qu'ils soient innocents ou non, contumaces ou pas. Alors je gardais le silence. Et je me demandais pourquoi. Pourquoi me posaient-ils une question qu'aucun magistrat ni policier ne m'avait jamais posée ? Qu'avaient-ils donc à gagner dans cette sale affaire, ceux de la presse ?

J'étais toujours à Paris mais je sentais le sol glisser sous mes pieds.

Tout cela n'entamait pas l'optimisme de mes avocats, strictement fondé sur l'aspect juridique. Ils avaient travaillé dur et, à présent, ils s'appuyaient sur un dossier blindé. « Ils peuvent exercer toute la pression qu'ils veulent, me disaient-ils. Produire des faux documents, modifier les dates, te confondre avec un autre accusé quand cela les arrange, comme ils l'ont fait. Mais en France, le droit existe. Ne t'inquiète pas. Ils ne peuvent pas t'extrader. » C'était aussi l'opinion générale autour de moi. On me disait que nos adversaires en faisaient trop et que leur inlassable campagne finirait par leur nuire.

Enfin, après chaque rencontre avec mes avocats, je me sentais le pire des égoïstes. Ils me faisaient comprendre qu'au lieu de m'appliquer jour et nuit à assurer la sécurité des autres camarades, qui couraient un véritable risque, je perdais mon temps à m'occuper de moi-même, dont la situation juridique était, paraît-il, privilégiée ! Un de mes avocats ne ménageait vraiment pas ses mots : ce n'était pas moi qui étais en danger, et je ferais donc bien de la boucler, de cesser de donner à la presse des déclarations qui mettaient les autres en péril, eux qui ne pouvaient pas se permettre de récuser les faits ni se réfugier comme moi derrière la contumace. Les appels de cet avocat prenaient de plus en plus ce ton. A présent, j'étais devenu « vous ». Un pluriel qui m'englobait avec cette bande d'écrivains qui ne savaient pas de quoi ils parlaient. A demi-mot, c'était de notre faute si l'affaire avait pris ce tour personnel. Je connaissais la musique, ces phrases n'étaient pas nées de sa bouche.

Entre-temps, vivre chez moi était devenu intenable. Je subissais le harcèlement de la presse, surtout des journalistes italiens qui restaient à l'affût jusqu'à mon sixième étage. J'ouvrais ma porte et je me retrouvais avec une caméra sous le nez. Ils avaient les voix excitées et les manières agressives d'une troupe envoyée au front. Cela me rendait fou. Un jour ou l'autre, leurs façons de me traquer et de m'insulter m'auraient poussé à sortir de mes gonds, et c'était précisément ce qu'ils cherchaient. Le plus souvent, ils se tenaient sur le trottoir d'en face ou dans le café voisin. Les commerçants de ma rue m'en avisaient aussitôt et m'aidaient à leur échapper en me faisant sortir par la porte arrière de leurs boutiques.

Sur le front de l'intimidation, la cellule de l'ambassade italienne finança et lança à l'assaut le Bloc identitaire. Ce groupe de fanatiques aryens, émanation d'un parti d'extrême droite français, était resté inconnu jusqu'à ce 14 juillet 2002 où l'un des leurs, pour s'assurer une gloire éternelle, ouvrit le feu sur Jacques Chirac. Depuis, ils avaient changé de nom et trouvé une autre cible, beaucoup plus aisée que le Président et surtout bien plus lucrative. Avant d'envahir mon quartier, ils avaient déjà attaqué la mairie de Frontignan, ainsi que des librairies qui recueillaient des signatures pour ma défense. Ils collaient et distribuaient massivement des affiches à mon effigie, couvertes d'insultes, de « Battisti assassin », « Dehors l'assassin ». Si leur langage rudimentaire ne rendait pas service aux aryens, son contenu désignait illico ceux qui se servaient d'eux.

Ils menaçaient et attaquaient tous ceux qui me soutenaient. Leurs actions les plus éclatantes étaient synchronisées avec celles de certains députés de Alliance nationale, ex-parti fasciste italien réintégré au gouvernement par Berlusconi. Je m'alarmais à l'idée qu'ils puissent s'en prendre à ma famille. J'avais su qu'on leur avait fourni l'adresse de mes enfants. J'avais peur. Je n'avais rien dit à leur mère pour ne pas créer de panique. Alors, j'allais repérer les lieux à l'heure de la sortie d'école de ma fille cadette. Je n'aurais pas pu me défendre contre ce nouvel assaut sans la protection physique de quelques amis de la CNT, du PCF et des Verts.

J'en parlai plusieurs fois à mes ex-camarades. Bien qu'ils n'aient plus vingt ans et perdu l'habitude de ce type de situation, je m'attendais au moins à un réconfort moral. A l'inverse, ils m'engueulaient pour je ne sais quelle déclaration publique qui leur avait déplu, et dont je n'étais même pas l'auteur. Ils étaient convaincus, dans leur tête de comité central, que j'avais le contrôle des groupes de soutien de France. De ces « polardeux » – et ce mot dans leur bouche sonnait comme une insulte – qui se permettaient de parler sans leur autorisation. Et pourtant, c'était bien grâce aux « polardeux » qu'on pouvait pour la première fois compter sur un soutien public de cette ampleur.

En vérité, et sans en être conscients, ils me reprochaient de vivre dans une ambiance autre que la leur. Eux avaient fait de l'exil leur unique occupation, moi non. Et ils ne supportaient pas que l'un des leurs puisse construire une vie hors de la question collective, même si je répondais toujours à l'appel quand il le fallait. Certains chuchotaient que tout ceci ne serait pas arrivé si je n'avais pas voulu jouer à l'écrivain. Les mêmes qui, jusqu'alors, me félicitaient pour mes romans. A les entendre, je n'avais plus droit de parole, il m'était interdit de paraître aux manifestations de soutien. J'étais devenu une mine errante et dangereuse pour la cause commune. Ordre m'était donné de rester enterré.

Ils n'auraient guère eu de mal à obtenir cela de moi. Il fallait être aveugle comme eux pour ne pas voir que j'étais au bout du rouleau. Soucieux de la défense collective et influencés par ces raisonnements, mes avocats prenaient le même pli. Et j'allais, en effet, bientôt m'enterrer

Le comportement hostile et aberrant de mes ex-camarades fit plus que me surprendre et me choquer. Il me fallut toute la distance de la cavale pour accepter cette réalité, pour admettre la perte d'une complicité que je croyais indéfectible, au moins pour l'un d'entre eux.

Ainsi je m'éloignais d'eux de plus en plus, tout en continuant à soutenir, au nom d'une solidarité qui n'était pas réciproque, une ligne de défense muette et suicidaire, en dépit des conseils de plus en plus insistants de beaucoup de mes amis, très inquiets, qui me poussaient à parler. Sans oser l'exprimer ouvertement, je n'étais plus convaincu non plus que le verdict du 30 juin s'en tiendrait au terrain strictement juridique.

Mon chat n'aimait pas mon sac rouge. Ce sac était pour lui synonyme d'abandon et, dès qu'il le pouvait, il pissait dessus. A moitié caché derrière un carton, il regardait maintenant d'un air vexé mes préparatifs de départ. Cela me faisait de la peine, mais je n'avais plus le choix. La cellule de l'ambassade italienne appliquait la tactique de la terre brûlée. Leurs recours semblaient inépuisables. Dans ce climat de provocation constante, ma présence dans cet appartement du sixième devenait insoutenable. Depuis longtemps, mes avocats et mes proches m'avaient conseillé d'aller loger ailleurs. La violence de la campagne de haine déchaînée par l'Italie ne rendait pas absurde l'idée qu'un « ange vengeur » vienne gagner une médaille en me tirant dans le dos. J'en étais conscient, mais j'avais du mal à abandonner mes bouquins et ce petit escalier en bois limé où résonnaient encore les voix de mes enfants. Je ne pourrais plus deviner à l'odeur le dîner de madame C., ni entendre les éclats de rire de mon voisin le théâtreux. L'impression qu'en quittant mon appartement, je faisais un premier pas hors de Paris, m'avait empêché jusqu'alors d'accepter l'offre de Fred Vargas, qui me proposait un logement juste à côté de chez elle.

C'était un mini-studio bien agencé dans une rue anonyme de Paris. Pas de téléphone, et personne n'en connaissait l'adresse. Le lieu idéal pour s'enterrer. Avec l'apathie qui depuis quelque temps s'était emparée de moi, j'éparpillai mon maigre bagage dans les tiroirs. Une seule envie, dormir.

Fred, dont la maison était devenue une sorte de quartier général des comités de soutien, s'inquiétait de mon état. Malgré une activité acharnée pour tenter de rassembler sur une même ligne les initiatives partout dispersées, en France et ailleurs, elle et ses proches s'appliquaient aussi à me sortir du sommeil malsain où je me réfugiais, dans cette pièce aux rideaux que je laissais fermés. Je me faisais violence et j'assistais à quelques réunions où, tout en me sentant coupable, je ne parvenais pas à participer. Craignant l'effet dévastateur de mes mots, je ne disais jamais rien. Le comportement insensé de mes ex-camarades m'avait réduit au silence. Pour mes adversaires, c'était déjà cela de gagné. Moi qui normalement ne tenais pas un seul jour sans écrire, je ne pouvais plus maintenant m'approcher d'une seule feuille.

Mon approche de l'écriture a toujours été conflictuelle. Chaque fois que j'écris, je dois commencer par m'excuser. Qu'il s'agisse d'une lettre amicale, d'un roman, d'un scénario, je débute sur la pointe des pieds, comme un voleur. Oui, c'est un fait plutôt banal mais même les banalités ont leur explication : j'ai toujours cru que je n'avais pas le droit d'écrire. Je n'en ai pris conscience qu'après février 2004, dans cette situation extrême. Mon arrestation et toutes les infamies qui s'ensuivirent m'avaient rejeté trente-cinq ans en arrière. A l'époque où mon père, qui n'avait jamais terminé l'école primaire, me disait : « On n'écrit que lorsqu'on a une chose importante à dire, et pas n'importe comment. On peut faire beaucoup de dégâts avec un écrit. Il faut laisser cela à ceux qui ont la culture et les responsabilités. » Quelqu'un lui avait dit cela, et il me le répétait chaque fois que je revenais de l'école avec des félicitations pour ma dissertation. Je dois à mes huit années d'exil mexicain d'avoir pu vaincre ce complexe. Là-bas, ce monde à l'envers qu'est le Mexique m'a aidé à laisser mon passé et avec lui toutes ses formules caduques qui m'empêchaient de vivre.

Aujourd'hui, c'est la solitude mortelle de la cavale qui m'oblige à reprendre à nouveau le stylo.

J'étais donc revenu à la case départ. A ce jeune garçon que j'étais et qui n'avait pas le droit de placer un mot sans se faire taper sur les doigts. Mais à cinquante ans, cela se soigne. Fred m'amena chez son médecin. Antidépresseurs, deux comprimés par jour, un le matin, un le soir. Il m'en aurait fallu toute une poignée pour me sortir de mon lit mais je tenais le coup. Je pensais à l'incompréhension hargneuse des réfugiés d'un côté, au tapage médiatique de l'autre, qui faisait de nouveaux adeptes même parmi les loyaux d'hier. Certains demandaient à retirer leur nom de la pétition, d'autres disparaissaient pendant un temps pour réapparaître dans les habits des repentis.

Sur le plafond de ce petit studio, à côté de chez Fred, le passé se juxtaposait au présent. J'y voyais d'autres disparitions et d'autres repentis. Entre ces repentis d'hier et ceux d'aujourd'hui, les circonstances n'avaient évidemment rien de commun mais les attitudes se ressemblaient assez pour que je songe à faire le rapprochement. Le plafond était un livre ouvert. J'avais beau fermer les yeux, les pages tournaient toutes seules. Chacune racontait une histoire de ce passé douloureux que j'avais enterré sous les pavés de Paris. Vingt-cinq ans après, pourquoi moi ?

Le 30 juin 2004 devait tomber le verdict de la chambre d'instruction de la Cour d'appel de Paris. Je m'appliquais à partager l'optimisme des avocats et l'espoir des comités de soutien, qui n'avaient pas reculé face au massacre de la campagne de presse, ni cédé aux intimidations. Je voulais y croire. La France n'était pas un pays en état d'urgence comme l'était l'Italie à l'époque. Avec la faveur publique que suscitait ce procès, comment pouvaient-ils faire pour contourner la loi ?

Ce n'était pas la confiance en la justice qui me donnait encore espoir. J'en avais trop vu pour ne pas me méfier. Je comptais plutôt sur la difficulté du pouvoir politique à gérer une intromission si flagrante dans la fonction judiciaire. Par ailleurs, j'imaginais mal la France se rendre complice d'un gouvernement italien si critiqué dans le monde entier. Conforté par l'idée que les politiciens au pouvoir opteraient pour une prudence de bon aloi, j'entrai au Palais d'un pas ferme.

La chambre était bondée. Je survolai les regards haineux du peloton de l'ambassade italienne pour recevoir les francs sourires des amis et parents. Courage, c'est bientôt fini, disaient-ils.

Finalement, la Cour entra. Tout le monde s'assit, sauf l'accusé. On retint son souffle. Un instant lourd et long comme une perpète. Puis le président se racla la gorge. En une minute, sans jamais lever les yeux vers moi, avec des arguments dignes d'une république bananière, il prononça son oui à l'extradition. Dans leur coin, les hyènes italiennes se serraient la patte. La carcasse était à eux.

L'affaire était close. Le Président se levait déjà en ramassant ses papiers. Je ne bougeai pas, cherchai en vain son regard. Un seul instant, les yeux dans les yeux, m'aurait suffi pour le clouer à jamais à sa lâcheté. J'entendais des cris de protestation, quelqu'un qui gueulait « Brûlez vos cartes d'électeurs ! », pendant que moi, glacé, j'assistais à la fin de la farce. Je voulais voir les coulisses, la machine à café où se servaient ces visages pâles avant de prononcer une perpète, le moment où ils enlevaient leurs costumes de scène, leurs soupirs de soulagement, la mission accomplie.

Les avocats me secouaient. Je les suivis, un couloir après l'autre, jusqu'au parking souterrain. Je n'y croyais pas encore. Ma pensée, une nouvelle fois, était à la traîne.

La sentence du 30 juin fut une détestable surprise pour tous sauf, bien sûr, pour ceux qui l'avaient orchestrée. La justice d'Etat avait frappé. Elle frapperait à nouveau quelque temps plus tard, cette fois-ci dans le sens contraire. Lorsque ce même président au regard en fuite annulerait la procédure d'extradition d'un homme responsable de génocide dans son pays d'Afrique. France, terre d'asile pour hauts dignitaires, avec plage privée.

Après avoir annoncé la « bonne nouvelle » au monde entier, la cellule de l'ambassade se dispersa. Ses membres réintégrèrent leurs fauteuils, une carrière brillante en prime. Avec eux s'éclipsa aussi le Bloc identitaire. Il avait gagné une discrète immunité et un apport financier des fascistes italiens. La presse française tapa encore durement pendant deux ou trois jours, mais les articles sentaient plus la justification besogneuse de leur choix qu'autre chose. Qu'avaient-ils à gagner dans l'affaire, je me le demande encore. Pendant que moi, je replongeai dans la pénombre de ma chambre, sous un plafond qui me faisait le compte à rebours.

Quelques jours après, le plus important quotidien italien publiait une demi-page sur le marché passé avec la France pour obtenir mon extradition, ou tout au moins ce qu'on en savait. Selon le rédacteur, en échange d'un avis favorable de la Cour, l'Italie signait l'accord pour la ligne de TGV Lyon-Turin, promettait une participation à l'achat des Airbus, et un « oui » au nouveau Traité constitutionnel européen. Jusqu'ici, avec la Pologne et l'Espagne, l'Italie l'avait refusé car l'Eglise catholique n'y trouvait pas la place qui lui convenait. Plus impressionnant encore était le ton détaché de l'article. Son auteur n'était pas touché le moins du monde qu'on puisse marchander ainsi avec la justice et la vie d'un homme. Pour lui, c'était une évidence. Sa question visait seulement le profit réel que l'Italie tirait de cet accord conclu précipitamment. Si cet aveu du marchandage n'avait pas été écrit noir sur blanc, je n'aurais jamais osé en parler, tant il paraît invraisemblable. Une telle démesure dans le cynisme, une telle déviance dans nos démocraties, n'auraient pas paru crédibles. J'aurais suscité des regards navrés : le pauvre, déjà terroriste, et maintenant mythomane et paranoïaque. C'eût été une réaction tout à fait sensée.

Gardant encore quelque illusion, j'attendis une réplique de la presse française. Au moins de celle qui faisait de l'éthique professionnelle son fond de commerce. Silence total.

Fred et les proches ne me perdaient pas de vue un seul jour. Ils craignaient la bêtise finale. Je revois leurs regards soucieux, le mal qu'ils se donnaient pour me distraire. Tout prétexte était bon pour inviter mes enfants. Les avoir près de moi me ramenait à la vie. Mais dès qu'ils s'en allaient, l'ombre revenait au galop. Je pensais sans cesse au moment où je ne les verrais plus. Perpète, c'est mourir mille fois par jour, mieux vaut d'un seul coup.

Je ne l'aurais avoué à personne mais, pendant ces jours, j'ai pensé sérieusement à en finir une fois pour toutes. Ce n'était pas une question de courage défaillant, mais de fatigue. J'étais prêt. Si aujourd'hui je suis en train d'écrire, encore capable d'aimer et souffrir, je le dois à Fred et aux amis qui ne m'ont pas lâché un instant.

La protection de la ville de Paris consistait à m'accompagner tous les samedis matin au commissariat pour pointer. C'était presque toujours les mêmes élus, des communistes et des Verts. Leur engagement ne se limitait pas à cette petite balade depuis la place du Châtelet jusqu'au quai du Marché neuf. C'étaient des hommes et des femmes qui livraient bataille à titre personnel pour la cause des réfugiés. Au fil des semaines, ces samedis matin étaient devenus des moments de rencontre plaisants. Nous buvions un café, discutant des manifestations d'appui qui s'étaient multipliées après le verdict. Puis, avant midi, nous traversions le Pont au Change pour nous rendre au commissariat. Les policiers de garde étaient toujours un peu surpris par l'arrivée de ce groupe insolite. Mais d'ordinaire, tout se passait bien. Je montrais le papier de la Cour, les élus leurs cartes barrées des couleurs nationales, et ils nous laissaient passer gentiment. Nous traversions la cour arrière du palais de Justice, où stationnaient toujours des familles d'immigrés en larmes, pleurant l'expulsion d'un des leurs, puis nous montions au second étage. Je signais, le policier de garde tamponnait son registre sans poser de questions. Et c'était fini. A la sortie, chacun retournait à ses activités.

Le harcèlement de la presse et des fascistes du Bloc identitaire avait pris fin, les flics prirent la relève. Depuis le 30 juin, leur surveillance s'était fortement resserrée, j'étais constamment sous filature. Pas question de faire un pas tout seul. Ils me suivaient jusque dans les toilettes des cafés. Au fil des jours, leur présence devenait de plus en plus oppressante. Le ministère déployait une telle quantité d'hommes et de moyens que je redoutais le pire. Au point que, quand je prenais le métro, je gardais toujours les mains dans les poches de peur qu'ils n'y glissent quelque sachet de drogue, prétexte pour m'arrêter sans attendre les avis de la Cour de cassation et du Conseil d'Etat. Je pensais qu'ils ne pourraient pas poursuivre longtemps à ce rythme, je leur coûtais trop cher. Ils minaient mes nerfs, guettaient un faux pas, cherchaient à provoquer la faute. Je m'inquiétais pour Fred qui m'hébergeait, pour les amis qui s'occupaient de mon site web, me demandais s'ils oseraient toucher ma famille. A chaque fois que je revenais dans ma chambre, je fouillais partout. La porte d'entrée ouvrait directement sur la rue et rien n'était plus facile pour eux que d'y introduire une arme ou de la came. J'allais craquer, c'était exactement ce qu'ils voulaient.

Mon médecin me changea d'antidépresseur, ajouta un anxiolytique. Mais dès que je mettais le nez dehors, l'enfer reprenait. Ils étaient partout. Hommes, femmes, vieux, jeunots, de toutes origines, motos, voitures, camionnettes, vélos, rollers, ils passaient bruns, revenaient blonds. Ils trimbalaient derrière moi leurs sacs bourrés de perruques, moustaches, lunettes, habits. Mais ils n'avaient pas assez de place pour d'autres chaussures ou une tête de rechange, et c'était comme cela qu'on les repérait sans difficulté. Un jour que je me promenais avec mes enfants, nous comptâmes une dizaine de véhicules et plus de vingt flics à pied en moins de deux heures. Il est éprouvant de parler au téléphone en sachant que chaque mot est écouté et enregistré. La situation était insoutenable, pour les dépenses publiques, mais pour mes nerfs aussi.

Quand j'essayais d'en parler avec mes amis, je m'arrêtais net devant leurs expressions incrédules. Sauf avec Fred et ses proches, bien sûr, car notre rue commune était minée de voitures sous-marins. Mais ceux qui n'y étaient pas concrètement confrontés avaient du mal à accepter l'existence de ces pratiques policières, non tant leur réalité que leur ampleur. Pour eux, tout cela n'était que matière de fiction. Mes mots ne faisaient que les inquiéter davantage sur mon équilibre mental. J'étais tombé dans un polar. Mes ex-camarades auraient réagi autrement, nantis d'assez d'expérience pour prendre ces mesures au sérieux. Mais je n'avais plus de contact avec eux. J'en avais assez de leur servir de martyr. J'allais changer d'avocats et de ligne de défense, dire mon innocence. C'était une décision prise. Il me restait encore le recours en cassation, le conseil d'Etat, la Cour européenne. Outre les preuves de ma « connaissance des procès », le gouvernement italien aurait aussi à fournir celles de ma soi-disant culpabilité. Je n'étais toujours pas près de quitter Paris. Et les services de police le savaient bien, qui écoutaient et voyaient tout. Devant eux s'étendaient donc des mois d'une surveillance bien trop coûteuse. La tentation de l'interrompre en brûlant les étapes était forte.

La provocation redoutée eut lieu le 14 août. Ce ne fut pas un accident, mais un acte délibéré pour me pousser à commettre une infraction.

C'était un samedi matin, jour de signature au commissariat. Comme d'habitude, les élus de Paris m'attendaient au café. Ils étaient quatre ou cinq pour m'accompagner. Nous passâmes la

Seine en papotant, mais j'avais toujours un œil sur les va-et-vient des filatures. Ils étaient nombreux ce matin-là. En présence des élus, ils se faisaient d'ordinaire plus discrets. Je n'en touchai pas un mot aux autres, ils ne m'auraient sans doute pas cru.

La journée était ensoleillée, la lumière reflétée par l'eau blessait la vue. Depuis quelque temps, j'avais appris à regarder Paris comme si c'était la dernière fois. Je fis part de ce sentiment à mes accompagnateurs. Ils rigolèrent. « Ne dis pas cela. Tu es un peu fatigué, voilà tout. » Je rigolai avec eux.

Dès l'accueil au commissariat, les choses se déroulèrent autrement qu'à l'ordinaire. Finie l'obligeance. Les policiers de garde contrôlèrent les documents de chaque élu avec un zèle visible, avant de nous laisser passer. La cour était comme toujours encombrée par des familles africaines en larmes. Les flics se donnaient un mal fou pour tirer à l'intérieur une gamine accrochée à la robe de sa mère, les charters faisaient la navette.

Au deuxième étage, j'entrai dans la petite pièce où se tenait le guichet. Pour la première fois, j'étais le seul client. Je jetai un coup d'œil à travers la vitre. Le policier était un nouveau. Je dis bonjour, et posai mon papier sous la trappe. Il ne répondit pas, ne bougea pas, continua à regarder fixement devant lui. Son visage blanc, ses traits tirés, me firent penser qu'il était assigné à cette tâche par punition. Il persistait à m'ignorer. J'échangeai un regard d'incompréhension avec les élus. Personne n'osait souffler mot. Le nez collé à la vitre, je répétai mon bonjour tout doucement. Quand son regard croisa un instant le mien, je lus dans ses yeux qu'il nous attendait. Sa pâleur était de celles qui sèchent la bouche. Sur ses traits, l'excès d'adrénaline du soldat qui se prépare à attaquer. Mon cœur accéléra. Soudain, comme l'adversaire qui bondit hors de la tranchée, il se leva en renversant sa chaise et, tout en m'ignorant, ordonna aux élus de foutre le camp. Mes accompagnateurs sortirent alors leurs cartes tricolores. Cela le rendit plus furieux encore. Hors de lui, n'arrivant plus à articuler ses insultes, il fit le tour du bureau et déboula comme un forcené dans la salle d'attente. Il se jeta sur les élus, les poussa dehors à la manière d'un CRS qui n'a rien à entendre. Dans la bousculade, il leur arrachait leurs cartes des mains, il les aurait mangées. Pendant que moi, paralysé dans la tranchée d'en face, j'assistai à ce corps-à-corps qui semblait perdu d'avance.

C'était moi qu'il voulait, et il le hurlait, écumant de rage : « Le terroriste ! Vous défendez un terroriste, un assassin ! »

Il eût suffi alors d'un mot de trop de ma part, d'une réaction, d'une main levée en l'air, pour me faire accuser d'outrage ou de résistance à un officier public. L'enfermement tant convoité par le gouvernement était à deux doigts. Heureusement, les choses prirent un tour différent. L'homme s'était tellement emporté qu'il ne savait plus comment faire face à la réprobation passive des élus. Il s'attendait peut-être à une réaction outrée, démonstrative. Mais mes accompagnateurs avaient bien d'autres choses à faire que de brailler au vent.

Désemparé, le policier se replia derrière une porte au fond du couloir où, je crois, se trouvaient des collègues au guet, attendant d'intervenir. Il revint quelques secondes après, les yeux baissés. Leur plan n'avait pas marché. Il était défait.

Je signai le registre d'une main tremblante. Redescendant cet escalier puant, je me sentais un miraculé.

A mi-chemin sur le Pont au Change, je m'arrêtai pour regarder intensément les façades en pierre sur le quai d'en face. Les miracles ne se répètent jamais. J'allais quitter Paris.

5. La fuite

Le moment était propice. Mes enfants et leur mère étaient partis en vacances et Fred avait rejoint son fils à La Rochelle pour quelques jours. Son éloignement était une chance que je devais saisir, je ne voulais pas la compromettre dans ma fuite. J'habitais chez elle, mes préparatifs ne lui auraient pas échappé. Sans savoir exactement ce que je faisais, ni me demander s'il existait une possibilité réelle de réussir, je me préparai au départ.

Il paraît stupide dans de pareilles circonstances de penser aux lapins que j'allais poser à mes amis et à mes éditeurs. De songer aux habits que j'allais emporter : froid ou chaud ? Mais les moribonds ne s'inquiètent-ils pas de l'emplacement qu'ils auront au cimetière ? J'entendais encore ma mère : « Trouvez-moi une place au sec, s'il vous plaît, je n'aime pas l'humidité. »

Elle m'avait dit cela douze ans plus tôt, après mon retour du Mexique. Pendant mes neuf années d'exil, elle m'avait cru mort. Elle avait récité pour moi les prières des défunts. Puis, elle qui n'avait jamais quitté sa région, elle avait pris l'avion pour m'embrasser une dernière fois à Paris. Elle allait mourir quelques mois après.

Le lendemain, c'était le 15 août. Paris désert, seuls les cars des touristes empêchaient de traverser les rues les yeux fermés. J'aimais le mois d'août à Paris. Je sortis une dernière fois. C'était mon adieu à la ville, ainsi qu'à un ami enterré au cimetière du Montparnasse.

De ma chambre à la bouche du métro, c'était un cortège de flics. Je cherchais à m'en libérer, voulais avoir un moment d'intimité, de recueillement. Je changeai plusieurs fois de ligne, revins sur mes pas, repartis à pied. Rien à faire. J'entrai dans le cimetière et, le temps que j'y repère la bonne allée, ils étaient déjà là. Je fis demi-tour. Mon ami n'aimait pas les flics, je n'allais tout de même pas les guider jusqu'à sa tombe.

Je rentrai au studio, horrifié par la complexité et la puissance de la machine policière. Jamais je n'aurais les moyens de semer une pareille filature. Il me fallait une idée, quelque chose de déroutant. S'ils étaient si nombreux, c'est qu'ils s'attendaient à un plan de fuite également complexe. Je devais donc imaginer l'inverse. Peu à peu, le plafond de ma chambre m'éclairait la tête. L'idée de les avoir en douceur se frayait son chemin. De la simplicité, jointe à un peu de chance, pouvait produire un second miracle.

Le 17 au matin, je sortis de ma chambre avec ma petite sacoche de toujours. Dedans, une casquette et une chemise de rechange. Je n'avais pas besoin de plus pour ce que j'envisageais de faire. Je connaissais assez Paris et quelques miettes de son sous-sol pour espérer entrer d'un côté et sortir ailleurs. C'était un pari. Cela a marché.

Au début de l'après-midi, ce même jour, je regardais le paysage défiler à travers la fenêtre de mon train. J'étais dans un état second, sous l'effet d'une anesthésie naturelle qui m'empêchait de réfléchir aux conséquences de mon acte. Mes enfants souriaient, ou bien c'était moi qui voulais les voir ainsi.

Plus je m'éloignais de Paris, m'enfonçant dans les plaines à perte de vue, et plus j'étais certain qu'il ne suffisait pas de la petitesse de quelques politiciens pour faire de la France un petit pays. Puis, la mort dans l'âme, je fermai les yeux et me demandai encore, tout bêtement, pourquoi moi.

II

JOURNAL D'UN CHIEN ERRANT

Prologue

Tous les recours juridiques qu'il était possible de tenter en France pour empêcher mon extradition vers l'Italie ont été épuisés. La chambre d'instruction de la Cour d'appel de Paris, la Cour de cassation et le Conseil d'Etat ont tous, l'un après l'autre, rendu une décision négative, requise par le pouvoir politique, de toute évidence par les plus hauts niveaux de l'Etat. Cette procédure décidée à l'avance n'est qu'un exemple de plus de la soumission de la justice à une douteuse raison d'Etat. La transaction avec l'Italie était bel et bien arrêtée depuis longtemps et il ne restait plus au gouvernement français qu'à honorer ses accords en livrant la marchandise promise. On a beau se dire qu'il fallait s'y attendre, on a beau se préparer au choc, il n'y a plus de raisonnement qui tienne quand cela vous tombe dessus. Il n'y a plus que le corps et l'esprit qui, eux, n'ont rien à faire de la raison, et explosent dans le refus de la réalité.

Au moment de commencer ce deuxième volet, je sais donc que je ne pourrai plus rentrer chez moi, plus embrasser mes enfants, plus revoir tous les amis chers qui m'ont accompagné pendant mes nombreuses années d'exil, et qui m'ont ensuite soutenu sans réserve pendant la bataille judiciaire et politique de mon extradition. Je ne pourrai plus, à moins que ne vienne une décision contraire de la Cour européenne des droits de l'homme, reprendre cette vie d'homme que la France m'avait donnée et qu'elle m'a ensuite reprise.

Cela m'est trop douloureux pour que je puisse poursuivre mon récit à la première personne et sur un ton autobiographique, comme je l'ai fait dans mon premier volet. Mais arrêter d'écrire serait comme accepter l'idée de mourir de mort lente. Je dois tenir, et je continue à remplir des feuilles, mais cette fois-ci à la troisième personne.

Je prends de la distance. Des années d'expérience, le corps-à-corps avec mon vieil ordinateur laissé à Paris, me permettent aujourd'hui de séparer l'écrivain de l'homme en cavale. Ce n'est pas facile, je freine et je trébuche à tous les coins de rue, à chaque changement d'humeur. Mais je résiste, je regarde ce personnage avancer et, parfois, il me fait rigoler aussi. Quand il s'arrête, je m'arrête aussi. Quand il a peur et se retourne soudain pour vérifier ses arrières, moi aussi j'ai peur et je me cache. Il arrive qu'il cède à la fatigue. Je peux alors entendre ses pensées, l'entendre dire que tout cela est stupide, que mieux vaudrait en finir maintenant, là, sur place, plutôt que de continuer pour n'aller nulle part. A ces moments, je recule de plusieurs pas et je m'assieds pour écrire.

Souvent, je suis tenté d'écrire ce qu'il n'a pas le courage de dire ou la force de faire. J'ai envie de lui sauter dessus à l'improviste et de lui hurler qu'il n'est pas seul ni perdu, qu'il a un lieu de départ et un autre qui l'attend. Qu'il a un passé, un présent, une histoire à défendre et qu'il n'est pas une molécule détraquée échappée du laboratoire des années 70. Mais je n'en fais rien. Je pose mon stylo et je l'observe, avec l'objectivité toute relative du photographe face à l'image à saisir. De toute façon, même si je décidais d'intervenir, il ne m'écouterait pas, comme à l'ordinaire, comme il a toujours ignoré par le passé mes reproches à l'encontre de ses maladresses habituelles.

Je le suis, on verra bien.

1

Claudia

Auguste s'envolait, serrant entre ses mains l'Evangile selon Matthieu. C'était un joli petit livre à la couverture rouge plastifiée. Ce qui rendait plus visibles encore les gouttelettes de sueur qui s'échappaient de ses mains moites. Il venait d'intégrer un groupe de pèlerins.

La fille qui occupait la place voisine le regardait d'un air extasié. Lui, cet homme qui n'avait pas lâché son Evangile un seul instant depuis le départ. Il lisait, fermait les yeux pendant quelques minutes de dévotion, et puis reprenait sa lecture avec une passion renouvelée. Ses yeux étaient lumineux, on eût dit qu'il allait pleurer de joie d'un moment à l'autre.

C'était une fille qui avait le don de lire dans l'âme. Purifier l'esprit était sa mission sur terre. En lui réservant ce siège, Dieu ne pouvait lui offrir de meilleur client. Cet homme avait été touché par la bonté divine, les signes étaient là. Il brûlait de ferveur, un candidat certain à la sainteté. Pour l'instant, elle restait en observation. Un sourire d'encouragement, pas plus, vite étayé par un baiser à la croix en bois qui pendait à son cou et qui, parfois, s'insinuait négligemment dans son décolleté, bénissant au passage la générosité de sa poitrine.

Auguste l'observait à son tour. Chaque fois qu'il levait les yeux au ciel, il la voyait reflétée dans l'étagère chromée des bagages à main. C'était une petite brune au visage rond. Sa manière de plisser les yeux lui creusait deux fines rides autour des pommettes qui rejoignaient les coins de sa bouche. Cette expression forcée, comme pour mieux signaler sa volonté de renoncer à sa nature de femme, lui rappelait Rosina. Une voisine de sa maison d'enfance qui avait dédié quarante ans de sa vie à la chasteté chrétienne et aux soins de son père infirme.

Tout le monde aurait juré qu'au jour où le vieillard rendrait son âme à Dieu, Rosina irait se cloîtrer au couvent voisin. Elle était faite pour cela. Il ne lui manquait que le voile pour consacrer sa dévotion innée. Rosina enterra enfin son père, porta le mouchoir noir. Mais elle ne prenait toujours pas la voie du couvent. Elle ne prenait plus aucune voie d'ailleurs, elle demeurait chez elle et, pour les courses, elle envoyait Auguste à l'épicerie du village. Un gentil petit garçon qui, à l'époque, avait du mal à afficher ses quatorze ans sonnés. La première fois, ce fut une branlette rapide. Au retour d'une course urgente, alors qu'Auguste était tombé de vélo et était revenu la chemise déchirée et le corps égratigné. Rosina avait fondu en larmes, l'avait examiné de la tête aux pieds et puis l'avait branlé tout doucement. La fois suivante, ils étaient allés directement au lit. C'était la première fois pour les deux. Après l'amour, elle lui raconta sa vie. Quarante années jetés au vent, quelle imbécile elle était. Au début, elle s'était crue vraiment choisie par Dieu, méprisant du plus profond du cœur toute vanité féminine. Puis, vers la trentaine, son corps avait dit assez, mais il était trop tard. Pour tout le monde, elle était désormais sainte Rosina. Rien qu'une chandelle à brûler sans feu. Cependant, Rosina n'était pas vierge. Elle s'était déflorée toute seule. Comme ça, lui montrait-elle, un doigt, puis deux, ensuite le troisième et finalement la main entière y était entrée. Cela rendait le jeune Auguste fou d'excitation. Il appuyait alors sa tête contre le sexe tout chaud de Rosina et poussait fort. Il voulait entrer en elle tout entier pour la posséder de l'intérieur. C'était cela, l'amour, un cadeau que Dieu avait préservé quarante ans pour ne l'offrir qu'à lui.

Souvenirs d'une époque où l'on pouvait tomber exprès pour se faire des égratignures. Une petite chute pour un grand plaisir, le sol n'était pas encore à dix mille mètres. Auguste regardait encore les nuages denses et blancs qui parcouraient son ciel d'enfant, se demandant s'ils pouvaient soutenir le poids d'un homme.

La petite brune d'à côté volait d'un saint à l'autre, mais elle n'était pas différente de Rosina. Un brin de maquillage aurait fait exploser sa sensualité à peine contenue derrière sa posture pieuse. Et ce n'était peut-être pas une négligence. Bien au contraire, une astucieuse finesse au bénéfice de l'imagination d'Auguste. Ses yeux noirs brûlaient du même désir dont il était censé s'abreuver dans son Evangile.

Auguste pensait à tout cela et s'imaginait des choses, juste pour empêcher la peur de venir. Il se sentait mal derrière son masque, cela bougeait tout le temps. Dès qu'il arrêtait le bruit de ses souvenirs, il l'entendait grincer comme une paire de chaussures neuves. Il faut de l'endurance pour se construire un masque solide. Le sien n'avait jamais le temps de sécher, il lui en fallait un nouveau chaque jour. Aujourd'hui, il était pèlerin parmi des pèlerins, bien abrités derrière leurs murs.

Quand, dans l'avion, s'était élevé un chant sacré, la fille l'avait effleuré de son coude pour qu'il se joigne à l'ovation. Il avait levé un regard suppliant vers les dévotes et s'était aussitôt replongé dans sa lecture fébrile. Son âme n'était pas encore assez propre pour partager la joie des fidèles. Elle parut comprendre et le gratifia pour son humilité d'un sourire de sainte. C'était une solide.

Quand un trou d'air plongea tout le monde dans un silence apeuré, la première pensée de la fille fut pour lui. Dans un geste de réconfort, sa main alla se poser sur celle d'Auguste. Du bout des doigts, elle caressa les lettres dorées imprimées sur la couverture de l'Evangile. Une par une, comme si elle était en train de les réécrire à l'encre ardente qu'elle extrayait d'Auguste. Lui ferma les yeux, convoquant férocement les images les plus désagréables pour éviter le désastre d'une érection imminente. La main de la fille était douce, son souffle pire qu'une prière. Rosina, elle, sentait l'ail, et lui arrachait la peau avec ses ongles sales. Rien à voir. C'est si con, les comparaisons.

Et lui, roi des cons, comment pouvait-il s'exciter dans une situation pareille ? Lui, un « terroriste » en fuite, sa vie en jeu, la gueule du juge qui avait dit « assassin » d'une voix atone, cette voix de mort qui lui avait gelé le sang. Gelé. Merci, monsieur le Président de la cour, je vous dois au moins cette débandaison.

Une fois vaincu l'instinct bestial de la nature, Auguste put rouvrir les yeux. Elle écarta sa main.

— Vous avez l'air de souffrir beaucoup, dit-elle. Accordez-vous un instant de paix. Pensez au lieu où nous allons atterrir. Savez-vous sous quel autre nom il est connu ? L'Ile des félicités. Un croissant de terre au milieu de l'océan, qui avait déjà frappé les voyageurs de l'Antiquité. On aurait dit la porte d'accès au paradis. Il y avait tout dans cette île, et sous son ciel d'une pureté unique poussaient les plantes les plus rares, dont le parfum était réservé aux anges. Une seule chose manquait à ce trésor de la nature : l'eau pour la survie des mortels. Mais Dieu, dans sa bonté infinie, y envoya un élu pour que justice soit faite. C'était il y a très longtemps. Le saint quitta le Portugal et débarqua sur cette île à l'autre bout du monde, sans une goutte d'eau ni un morceau de pain. Il n'avait que la foi pour se soutenir. Il s'agenouilla au pied d'une butte aride et implora son Père pendant tant de temps que les oiseaux vinrent faire leurs nids sur ses épaules meurtries. Au bout de quarante jours, la terre trembla violemment. Déjà agonisant, le saint embrassa le sol et, dans un dernier souffle, demanda pardon à Dieu pour son arrogance. A cet instant, un filet d'eau fraîche vint mouiller ses lèvres. Il leva alors les yeux et vit la roche dure s'ouvrir pour abreuver les pécheurs. De là son nom d' « Ile des félicités ». Nous allons arriver dans un lieu où le ciel et la terre se tiennent par la main. Vous devriez être aux anges, conclut-elle, la voix saturée d'émotion.

Le cœur écrasé derrière son masque, Auguste ne laissa pas transparaître le moindre doute sur la véracité du conte. Justifier sa retenue pour ne pas éveiller de soupçons était son unique préoccupation.

— Vous parlez vrai, lui répondit-il avec un grand soupir. J'essaie, croyez-moi, j'essaie de toutes mes forces d'être heureux et digne de ce pèlerinage. Mais j'ai quelque chose en dedans qui m'en empêche.

— Bonté divine, notre Seigneur veut la grâce des hommes et non pas leur flagellation.

— Je sais. Qu'Il me pardonne mais mes fautes sont lourdes.

— Dieu est grand, beaucoup plus que tous nos péchés. Le voyage est long, soulagez-vous, je vous écoute, si vous le voulez.

Et merde. Il avait dit la première chose qui lui était venue à l'esprit et à présent, il était coincé. Cette fille n'allait pas gober n'importe quoi. Elle avait du métier et plus que ça, et même le prêtre à bord recherchait son approbation des yeux chaque fois qu'il ouvrait la bouche. Auguste afficha un peu d'autocommisération, un repli de quelques secondes pour réfléchir en vitesse. Retomber dans l'Evangile comme un handicapé mental, après le truc de la main, elle ne l'aurait pas cru une seconde. Il est humain d'essayer de mentir à une femme qui vous écoute, mais continuer à le faire après qu'elle a senti le battement du cœur, c'était trop bête. Il ne lui restait qu'à se jeter à l'eau, en improvisation totale, toutes portes ouvertes, au risque même de quelque vérité. Jusqu'ici, il avait eu beaucoup de chance. Parmi une horde de pèlerins, cela ne pouvait durer.

Auguste avait pu s'embarquer dans ce charter affrété par une mission catholique grâce à la complicité d'un curé qui votait PCF. Il s'était acheté un Evangile, de fausses lunettes et une montre avec des anges qui marquaient l'heure avec leurs ailes. Le moment venu, son curé l'avait introduit dans l'hôtel où logeaient les pèlerins. Ensuite, à lui de se débrouiller seul. Et tant pis pour lui, lui avait assené le curé rouge, s'il ne s'était jamais intéressé auparavant aux bénéfices célestes. Il fallait partir, le chat perdu risquait de perdre aussi son poil. C'était sa dernière chance.

Auguste avait serré si fort les yeux qu'ils étaient devenus rouges. Avant de fermer l'Evangile, il marqua sa page, puis posa un baiser sur les lettres dorées que la fille avait incendiées du bout de ses doigts. Elle attendait, souriante.

— Excusez-moi, vous êtes gentille, mais je ne veux pas vous distraire dans votre recueillement.

— Pas du tout. Au contraire, je remercierai Dieu de m'avoir donné l'occasion de recevoir les peines d'un homme si profondément touché par la foi.

Auguste était impressionné. Il n'y avait pas un seul petit bout de cette fille qui n'exprimât une grande sincérité. Il n'était pas loin de lui vider vraiment tout son sac quand il revit le clin d'œil de son ami curé au moment de lui serrer la main. Il y avait de la malice dans son adieu, mais aussi un clair appel à la prudence. Auguste avait du mal à porter son masque, mais vaille que vaille il fallait faire avec.

— C'est une histoire avilissante, si confuse que je m'y perds moi-même. Si vous saviez combien de fois j'ai cherché un début à tout cela.

— Commencez par l'essentiel.

— Jadis, j'étais communiste.

— Mon Dieu.

— Oui, confirma-t-il, tout en cherchant les mots pour bâtir une histoire qu'il ne connaissait pas encore. Et des plus damnés, vous pouvez me croire. Je viens d'une famille très influente, membres dès la première heure du Parti communiste, et qui ont profité de leur position privilégiée pour accumuler une fortune. Oui, c'est comme cela la politique, chez nous.

— Jésus Marie. Vous avez un drôle d'accent, d'où venez-vous ?

— De Hongrie.

A la recherche d'un papier quelconque, Auguste était tombé sur un passeport hongrois. Son ami curé lui avait assuré qu'il n'y avait aucun Hongrois sur ce vol.

— Ah, je vois, fit la fille d'un ton déçu.

Elle aurait préféré que pareil crime ait été perpétré par des athées rouges plus proches d'elle et de Dieu, non pas dans un de ces pays où le diable règne et gère l'administration ordinaire. Elle se signa.

— Ce n'est pas étonnant, un peuple qui brûle les églises.

— Il ne faut pas dire cela, mademoiselle. Les gens de chez nous ont toujours gardé la foi. S'ils ne pratiquaient pas, c'était parce qu'on leur interdisait.

— Pardonnez-moi, j'oubliais les atrocités dont est capable un régime communiste. Je m'appelle Claudia, et vous ?

— Auguste. Enchanté.

— C'est un nom d'origine romaine, comme le mien. La ville berceau de l'Eglise catholique apostolique et romaine. Ce n'est pas un hasard que vous portiez ce nom, que Dieu soit loué. Je comprends vos tribulations, Auguste, je suis française, mais ma famille vient d'Italie. Ils ont dû quitter le pays à cause du communisme.

— Ah bon ? On nous a toujours dit, chez nous, que c'était le fascisme là-bas.

— Le fascisme, répéta-t-elle en hochant la tête. Vous voyez, vous tombez à votre tour dans le piège des politiciens athées et mensongers. Mais à présent, l'Italie se porte beaucoup mieux. Il y a enfin un gouvernement solide, guidé par un homme de foi. Un catholique aux principes sains.

— Oui, je vois. Comment s'appelle-t-il déjà, ce monsieur?

— Bermafioni, le premier Président du conseil qui est resté en place plus d'un an et qui a eu le courage d'appeler un chat un chat. Honnêtement, je pense que c'est la première fois que ce beau pays a un véritable homme d'Etat, à la hauteur des grandes puissances. Vous souriez? Non, je ne suis pas versée en politique. Mais mon oncle, adjoint au maire, me fait la leçon chaque fois que je vais le voir à Nice. En tout cas, on ne peut pas nier que Bermafioni a du talent à revendre. Il était garçon de bar! Mais je vous ai coupé. Dites-moi, comment vous êtes-vous rapproché de Dieu?

— Oh, je ne sais pas si...

— Je vous en prie.

Auguste regardait les têtes qui dépassaient des sièges, en espérant que l'une de ces nuques bénies lui soufflerait la suite. Par chance, le prêtre-guide entonna à point nommé un autre chant. Claudia tardait, tout le monde se tourna vers elle. Claudia avait aussi une jolie voix. A la fin des applaudissements, Auguste tenait son histoire.

— Cela fait à peu près un an que j'ai brûlé ma carte du Parti.

— Mon Dieu, vous étiez encore communiste après que le Saint Père a fait tomber l'empire du diable ?

— Oui, davantage.

— Mais pourquoi ?

— C'est là justement l'essence ultime du mystère. J'étais aveuglé, je haïssais plus que jamais le bien-être des Occidentaux, la richesse à portée de tous qui, du jour au lendemain, rendait banale ma voiture allemande, ma piscine, mes habits français. L'immonde vulgarisation du capitalisme, comme on disait chez nous. Mais, comme vous devez le savoir, le pays avait tourné la page, il avait intégré l'Europe. La Hongrie n'était plus qu'une province. J'avais de l'argent pour voyager, il me fallait me mettre au pas du temps. C'est ainsi qu'un jour je me retrouvai sur le parvis de Notre-Dame à Paris. Je regardais la magnificence de cette église, la beauté dans ses plus petits détails, sculptée dans la pierre qui la rendait éternelle. J'étais fasciné mais, en même temps, je ne pouvais m'empêcher de penser à la quantité de sueur et de sang versé pour rendre possible cette merveille qui, au fond, n'avait aucune utilité.

— Notre-Dame ? Inutile ?

— Ne m'en voulez pas, je vous l'ai dit, j'étais

encore aveugle. En fait, je ne croyais déjà plus en mes anciennes convictions, mais je n'en étais pas encore conscient. Il fallait que le monde se dérobe sous mes pieds pour que la vérité illumine enfin mon esprit.

Claudia se mordait les lèvres. Même dans ce petit geste de regret, elle dégageait de la sensualité. Mais Auguste ne s'en apercevait pas, il était entré dans la peau de son personnage, dont les émotions étaient désormais siennes. Il ne cherchait plus, les mots sortaient de sa bouche sans passer par le cerveau. Il en avait le ventre plein. Sa voix s'était mise à vibrer.

— J'ai oublié de dire, enchaîna-t-il, que, lorsque j'avais le regard fixé sur Notre-Dame de Paris, j'étais malade. Une grave forme d'épilepsie qui me rendait esclave d'un médicament très puissant. C'était cela ou la mort. J'en avais toujours sur moi, trois comprimés matin et soir. Et ce jour-là, je ne les avais pas oubliés. Je tournai le dos à l'église, moitié séduit et moitié indigné par un tel gaspillage, quand, soudain, je ne vis plus personne autour de moi. L'instant d'avant, le parvis était bondé et, brusquement, ce fut le désert. Je pouvais voir les arbres, les bancs, les immeubles, les pigeons, mais pas un être humain en vue. J'étais resté seul avec Notre-Dame. Cela n'a duré que quelques secondes. Qui m'ont paru une éternité. Puis je n'eus plus d'air et tout devint noir. Je tombai dans l'inconscience. Je vivais avec ma maladie depuis ma première enfance. J'en connaissais les symptômes dans toutes leurs variantes et j'avais pris mes comprimés. Ce qui m'arrivait ne ressemblait à rien de connu. Bien sûr, il pouvait s'agir d'une crise inédite, due à une possible évolution de la maladie. Mais d'une crise habituelle, on ne sort pas vivant sans l'intervention urgente d'un spécialiste. Dans mon état, une minute de plus aurait été fatale. Pourtant, je revins à la vie. Le sang afflua dans mes veines, la lumière chassa l'obscurité. Je découvris que j'étais toujours debout, au milieu des touristes qui, tout comme moi, regardaient Notre-Dame. J'attribuai cela à de la fatigue, au changement de climat peut-être et, le soir, je pris mes médicaments comme d'habitude. Toute la nuit, je fus malade comme un chien. Comme si vous, une personne saine, vous étiez injecté dans les veines une overdose de produit toxique. Le lendemain, je n'eus pas le courage d'avaler le médicament. Je restai au lit avec un verre d'eau à la main et les trois comprimés dans l'autre, guettant la crise. Depuis ce jour, je n'ai plus jamais pris mes cachets et je me porte bien.

Auguste acheva son récit les larmes aux yeux. Il venait tout juste de quitter Paris. Chaque mot de son histoire était une pierre, il les posait l'une sur l'autre et il reconstruisait la ville. Il marchait dans ses rues, traversait les ponts de la Seine, s'attardait dans les squares, entendait la voix excitée de Charlène qui disait : « Regarde, Papa, comme je vais haut, la balançoire va faire le tour complet! » Il marchait, les enseignes des cafés, les montées de Montmartre, vite, Paris est grand, il fallait aller plus vite encore pour en emporter le maximum dans son voyage sans retour. Dans cet avion où il n'y aurait pas eu de place pour la moitié d'un seul de ses souvenirs, il venait de dire à une inconnue qu'il se portait bien.

A mesure qu'il avançait dans sa fiction d'ex-infirme, Auguste entrait dans un état de semi-conscience, seul avec cette histoire qui n'était pas la sienne et dont les mots lui étaient étrangers. Dans son travail d'écrivain, il avait déjà franchi des étapes similaires mais, cette fois, ce n'était vraiment plus lui. C'était ahurissant, il n'avait jamais connu un tel degré de dissociation.

Claudia avait sorti un mouchoir. Elle séchait ses larmes en répétant tout doucement merci, merci. Auguste était gêné. C'était sans doute à

Dieu qu'elle s'adressait et il ne s'attendait pas à ce que, tout d'un coup, elle se jette sur lui et le serre fort dans ses bras. Elle lui baisait les yeux, le front et les joues, et elle disait merci, merci. Auguste se laissait faire. Les gens les regardaient comme si, au lieu d'une fille et d'un garçon s'embrassant, ils assistaient à une apparition céleste. L'étreinte durait, Auguste sentait les seins de Claudia contre sa poitrine. Tout en se maudissant, il recommençait à bander.

2

Celui qui s'arrête est perdu

Le sanctuaire était un renfoncement rocheux au bout d'un escalier en bois. Un filet d'eau coulait d'une fissure dans la pierre lisse et noire, où le saint portugais en bas-relief montrait de la main droite la source de la vie. Serrés les uns contre les autres, les pèlerins assistaient au sermon de leur guide spirituel qui, pour l'occasion, avait revêtu ses habits de cérémonie. Il racontait l'improbable voyage du saint dans cette île, distante de plusieurs milliers de kilomètres de son pays.

Auguste, son Evangile à la main, ne savait pas à quelle époque avait vécu le saint homme. Mais plus il le regardait et moins il y croyait. Cette île n'était une bonne route pour personne. Pas pour lui en tout cas, qui l'avait crue beaucoup plus à l'est et y avait vu une commode escale pour atteindre les côtes de son nouveau continent.

Rien de cela. Dès son arrivée, il avait senti l'embrouille. Il faisait froid, ce n'était pas bon signe. Il s'était procuré une carte et avait découvert que ce si pénible voyage ne l'avait pas avancé d'un mètre. Au contraire, il s'était éloigné de son itinéraire et se retrouvait coincé dans un lieu reculé, à l'écart des routes aériennes et maritimes, sans possibilité de retour. Avec un pincement au cœur, il avait replié la carte, désormais certain que son curé communiste n'avait jamais mis les pieds sur cette île, et le saint portugais non plus.

Sauf miracle.

Le prêtre invitait ses fidèles à s'approcher un par un de l'eau bénie. Auguste ne bougeait pas. Retombé dans la nuit noire, il se laissait bousculer par la foule possédée. Claudia vint à son secours. Lui prit la main et, le traînant de force, s'ouvrit un chemin jusqu'à la source. Il était son miraculé à elle, pas question qu'il soit le dernier. Elle le tenait par la main et, ensemble, ils gagnaient du terrain. Quand ils se retrouvèrent bloqués, elle se retourna vers lui pour un sourire d'encouragement. Elle souriait à ces yeux verts mouillés. Elle aimait ce visage brisé, le trouvait beau.

Claudia serra davantage. Sa main était chaude, l'étreinte sans réplique. Derrière le saint, hurlait l'océan.

Après la cérémonie, tous regagnèrent l'hôtel pour une pause. Malgré elle, Claudia devait délaisser Auguste pour s'occuper des autres.

Elle était une figure de premier plan parmi les pèlerins. Son temps ne lui appartenait plus, sa vie était vouée aux responsabilités chrétiennes que la Sainte Vierge lui avait confiées huit ans auparavant, à la veille de son mariage. Juste à temps. Grâce à Dieu, elle avait évité de s'unir pour la vie à un R-émiste scélérat et blasphémateur. Depuis, elle avait régulièrement des visions, guérissait les infirmes, chassait le démon. Au début, l'Eglise se méfiait d'elle, et elle avait eu bien du mal à courir à l'aide des nécessiteux. Des prêtres fourvoyés entravaient sans cesse l'accomplissement de sa mission. Elle était alors obligée d'exercer en cachette, comme une voleuse. C'était le prix à payer. Mais l'épiscopat avait enfin reconnu l'évidence de ses dons et sa réputation avait aujourd'hui franchi les colonnes du Vatican. Elle avait pas mal de boulot.

Auguste en avait profité pour se renseigner sur la possibilité de quitter l'île sans refaire le parcours à l'envers. Ce n'était pas donné.

A l'heure du dîner, Claudia avait attendu longtemps dans le restaurant de l'hôtel. Elle avait choisi la plus petite table dans un coin de la salle bondée et surveillait sans cesse l'entrée. Son plat refroidissait, la chaise d'en face restait vide. Entre deux bouchées, les fidèles l'observaient, un peu inquiets. Mais ils n'osaient pas s'approcher d'elle. On ne dérange pas une sainte au sourire crispé, elle voyait certainement des choses auxquelles ils n'avaient pas accès. Alors ils mangeaient et se signaient en silence.

Dans la nuit, Claudia quitta sa chambre et monta à l'étage. Elle s'arrêta devant une porte, frappa tout doucement. Rien que les battements de son cœur pour rompre le silence. Elle recula d'un pas pour vérifier le numéro, c'était bien la chambre d'Auguste. Elle frappa plus fort, resta longtemps immobile devant le battant fermé. Elle sentait des choses venir. Ce n'étaient pas de bonnes choses et elle les repoussa en secouant des ailes. Puis elle récita une brève prière, bénit la porte et redescendit mollement l'étage. Il y a des papillons qui ne volent qu'un seul jour.

Pas après pas, Auguste arpentait le quai du petit port d'une ville voisine. Celui qui n'a rien à faire regarde toujours sa montre. Lui, il attendait midi, histoire de tuer une heure avec quelque chose à faire. Manger, dormir, et manger à nouveau, il n'avait pas d'autres occupations. Mais les anges sur les aiguilles bougeaient à peine. Il allait se défaire de cette montre. Des anges, c'était ridicule. En quittant l'hôtel des pèlerins la veille au soir, il s'était dit la même chose à propos de l'Evangile. Mais il avait fini par le ranger dans son sac, bien au fond, et puis il avait fui comme un voleur vers la gare routière.

La saison n'était pas bonne, c'était le temps des vents contraires de la mousson. Mais sait-on jamais, lui avait fait comprendre un pêcheur, il y a toujours un fou. Un de ces Japonais qui ne hisse jamais les voiles, sinon à l'entrée du port. Ils ont des gros moteurs, ils peuvent vous prendre à bord. Si vous y tenez.

Auguste avait cultivé cette illusion, se levant tôt pour aller visiter le port. Quelques mètres d'appontements où se berçaient quatre bassines flottantes, à peine bonnes à faire le tour de l'île. Il en aurait pleuré de déception, si le froid du matin ne lui tirait déjà des larmes. Il était resté un moment à fixer le bouillonnement de l'écume. Colère sans espoir au fond des yeux, comptant les vagues qui s'écrasaient contre la côte rocheuse. Puis il regagna l'auberge pour attendre au chaud le soleil d'un autre jour. Dans sa chambre, il revit la figure brisée de sa mère. Il l'avait quittée pleine de vigueur et retrouvée quinze ans plus tard un pied dans la fosse. La vieille femme, qui de toute sa vie ne s'était jamais aventurée hors de sa région, avait pris l'avion avant de mourir pour revoir son fils exilé à Paris. Et elle disait toujours : « *Celui qui s'arrête est perdu.* »

Ces mots le projetèrent à nouveau dehors, à regarder les gens passer. Tout ce monde qui parcourt les rues et qui s'agite, ces gens si différents de ceux du Vieux Continent, et si semblables.

C'était une petite ville, bordée par les façades blanches des maisons qui grimpaient sur les hauteurs voisines. A la saison, ce devait être un lieu bondé mais, à cette période, la plupart des souks étaient fermés. Il ne resterait pas ici longtemps sans se faire remarquer. Quelque part, au fond de l'une de ces ruelles, il y avait sans doute une prison. Elles ne ferment jamais.

Les anges de sa montre n'en formaient plus qu'un seul lorsqu'il partit en quête d'un restaurant. Il y en avait beaucoup du côté du port, menus affichés au-dehors. Lentilles, flageolets et viande de chèvre à toutes les sauces, il n'arrivait pas à se décider. Une enseigne lui parut différente des autres, par ses couleurs peut-être, ou va savoir pourquoi. Il franchit le seuil sans se poser plus de questions.

Une dizaine de tables en tout, un comptoir, pas de clients. Il attendit un bon moment avant qu'une jeune femme ne sorte de la cuisine en s'essuyant les mains. Elle eut l'air surpris de découvrir quelqu'un dans la salle. Gêné par ce regard muet, Auguste regarda à nouveau sa montre. Il était pourtant midi passé. Finalement, la femme lui dit bonjour et s'empressa de lui apporter la carte. Cuisine kurde, il ne s'y attendait pas.

Sans faim ni soif, Auguste commanda à manger et à boire. Une heure à tuer, c'était déjà cela. Apparemment, la femme était seule pour s'occuper de la cuisine et de la salle. Il est vrai qu'il n'y avait pas grand-chose à faire, si bien qu'elle guettait son unique client. Chaque fois qu'Auguste levait la tête, il croisait son regard. Elle souriait et ne disait rien. Lui replongeait dans son assiette. Pas même une mouche dans le silence.

En moins d'une demi-heure, il en était déjà à sa dernière boulette de viande hachée. Il redoutait le moment d'affronter à nouveau la rue. Il ne lui restait plus qu'à mettre fin à cette pause quand il entendit la porte d'entrée claquer. Un autre client. Cette diversion allait lui offrir quelques minutes de plus pour prendre un thé. C'était un petit homme ventru à l'aspect européen, avec une serviette noire sous le bras. Il referma la porte d'un petit coup de pied et traversa la salle à vive allure.

— Mets-en-moi un, dit-il avant d'atteindre le comptoir.

Evidemment, l'alcool était seulement interdit à ceux qui ne pouvaient pas se le payer.

Sa voix était aussi agitée que ses pas, mais son ton dépourvu d'autorité. La femme ne bougea pas. Le petit homme suivit son regard et alla croiser celui d'Auguste. L'homme plissa les yeux et son front large se couvrit de rides. Le temps d'un instant, puis il confia sa serviette à ranger et fila directement à la cuisine. La femme jeta un dernier coup d'œil à Auguste et le rejoignit.

Le cœur d'Auguste rata une marche. La gorge nouée, il regardait alternativement la cuisine et la sortie. L'avaient-ils reconnu ? Fuir sans payer l'addition ? Non, laisser largement le compte sur la table et, vite, dehors. Mais pour aller où ? Une île. La sueur trempait son torse. Claudia, les miracles, traverser l'océan à la nage, il ne suivait plus le cours de ses pensés. Foutaises.

Auguste était déjà passé par toutes les flammes de l'enfer quand le petit homme sortit de la cuisine, portable à la main. Les coudes appuyés au comptoir, il contempla Auguste d'un air amusé.

— J'ai l'impression que nous avons des amis communs, dit-il enfin de sa voix fringante.

En français!

La bouche sèche, Auguste enfourna sa dernière boulette pour dissimuler son agitation.

— C'est possible. Le monde est petit.

— Heureusement, sinon je me demande comment tu t'en serais sorti. Qu'est-ce qui t'a pris d'abandonner le pèlerinage comme ça? Depuis hier, je me casse le cul pour te remettre la main dessus.

Auguste avala sa boulette d'un coup.

— C'est-à-dire?

— C'est-à-dire que notre ami commun, c'est un curé français, le Rouge. Bon, on ne va pas y passer la journée, tout de même.

Auguste jeta un regard à sa montre. Les anges avaient pas mal trotté. Il but le reste de bière et se leva.

— Explique-moi un peu cela.

3

Igouf Ernest

Ce même jour, entre chien et loup, ils prenaient le large à bord d'une coquille de noix à un mât. C'était un vieux voilier en bois, petit et trapu comme on les fabriquait il y a un demi-siècle. A la fois trop lent pour couper la vague et trop lourd pour la remonter. Mais Igouf Ernest y tenait comme à son propre enfant. Igouf Ernest, le contact inespéré d'Auguste, un de ces hommes qui trompe les apparences. Derrière ses manières de marchand à la criée se cachait un homme très cultivé. C'était comme cela qu'Igouf Ernest guettait le monde, qu'il avait d'ailleurs pas mal parcouru. Malheureusement jamais dans une embarcation pareille mais, ce détail, Auguste ne devait l'apprendre qu'à l'arrivée. Pour l'instant, content d'abandonner cette île, il lui faisait confiance et assistait aux manœuvres avec admiration.

Ils étaient quatre à bord. Mulu, un jeune de dix-neuf ans, était à la barre. Sa petite amie était venue sur le quai pour un dernier baiser. Pendant les préparatifs, elle avait lancé des regards hostiles en direction d'Auguste. Puis, au dernier moment, essuyant une larme, elle s'était approchée pour lui dire que c'était une bonne nuit pour prendre la mer. Le quatrième était un Français. Un militaire à la retraite, lui avait dit Igouf Ernest, et censé être le navigateur. C'était un type au regard fuyant. Il tentait parfois un coup d'œil direct, mais Auguste n'avait pas le temps de lire quoi que soit dans ses petits yeux clairs. Il avait un fil de fer barbelé tatoué sur le bras gauche et il ne disait jamais rien d'intéressant. Il passait son temps devant ses instruments, faisait l'expert, mais ne savait pas donner la bonne réponse. Auguste s'en méfiait, il l'avait surpris trop proche de son sac.

Deux, trois, peut-être plus, cela dépendait de la météo. Personne à bord ne pouvait dire le nombre de jours de navigation. Entre eux et la côte à atteindre se croisaient les deux moussons. Impossible de mettre les voiles, la mer était trop forte et le vent contraire. Auguste écoutait les toussotements du vieux diesel qui remontait l'une après l'autre les vagues longues qui enflaient jusqu'à la démesure, faisant craquer le bois de la coque. Chaque fois que l'horizon s'effaçait derrière une montagne d'eau, il combattait la peur en se disant qu'il était mieux de mourir libre parmi les poissons que seul derrière les barreaux. Ce n'étaient que des passages noirs d'un instant. Entre deux vagues, la lumière revenait dans son cœur et il se raccrochait à la vie. Il regardait les autres, guettant le moindre signe d'alarme sur leurs visages fermés. Igouf Ernest somnolait sur une banquette. Il ne faisait que cela, ou bondir tout guilleret pour préparer un autre carafon de vodka et de jus de mangue. Pendant que Mulu tenait toujours la barre à deux mains et fixait le ciel. Il ne dormait donc jamais, ce garçon ? Le seul à se montrer nerveux, c'était le navigateur. Quand il montait sur le pont, Auguste l'interrogeait des yeux. Mais le navigateur esquivait son regard et retournait aussitôt à sa table.

Après une seconde nuit de balançoire et de craquements, où le navigateur avait dégueulé jusqu'à son âme par-dessus bord, la mer changea enfin, vers 9 heures du matin. Auguste regardait le ciel exsangue. Les vagues étaient toujours violentes mais elles étaient maintenant plus courtes et irrégulières. Le moteur chantait par-dessus. Tout le monde dormait, sauf Mulu, toujours à la barre, fatigué. Ses yeux noirs en brillaient mais il ne lâchait pas. C'était sa première traversée, il aurait tenu jusqu'au bout. Il essayait d'allumer en vain une cigarette sous les rafales. Auguste s'approcha pour lui faire paravent. Depuis le départ, ils n'avaient pas échangé un mot.

— On dirait que ça se calme, dit Auguste en prenant place à ses côtés.

— Oui. Maintenant, c'est bon.

— Vous avez peut-être l'habitude. La mer, c'est votre truc, quoique le navigateur ait vomi toute la nuit.

— Oui, c'est vrai. Pas moi.

Il répondait à Auguste sans lâcher des yeux la boussole vissée dans le bois face à la barre. Il était fier de son travail. Un jour, Mulu serait marin sur un vrai bateau.

— Elle est mignonne, ta copine. Elle doit t'attendre avec impatience.

— Ah, ça oui. Elle ne fait que cela, attendre. Mais quand on prend la mer... Les femmes ne comprendront jamais.

Auguste le regardait avec tendresse. Il avait une fille à peu près du même âge que lui. Elle aussi jouait la cynique, avec son air de révoltée, mais il se l'imaginait bien en train d'attendre son marin.

— T'as raison, dit Auguste, la mer fait ce qu'elle veut.

— Tu peux bien le dire. Regarde, pendant tout ce temps, la force de la mer et du moteur s'équivalaient. On a presque fait du surplace. C'est comme si on avait navigué quinze heures pour rien. Va expliquer cela à une femme.

— Impossible. Une femme t'aurait dit de ne pas partir.

C'était faux. Les femmes qu'il avait laissées derrière lui n'avaient rien dit. Mais elles l'avaient imploré du regard. Sauve-toi, disaient leurs yeux, ne vois-tu pas que la France n'est plus la même ? Vas-y, mon chéri, ce n'est pas fini, c'est juste pour un temps, vas-y.

Il était parti, le temps de mourir seul.

Pendant des heures, accoudé au parapet, Auguste regardait le chemin d'écume que la barque traçait à la surface de l'eau. Maintenant que la mer l'inquiétait moins, il se demandait à nouveau, pourquoi lui. Cette question, il avait décidé de ne plus jamais se la poser, mais c'était plus fort que lui. Chaque fois qu'il se mettait à penser à demain, elle lui sortait des lèvres et redescendait en hurlant dans son estomac.

Il avait cru en lui et en la justice des hommes. Pour cela il s'était battu, à tort, et comme tant d'autres il avait essuyé le goût amer de la défaite. Avec les souvenirs encore frais des morts et des armes, de la prison, des premiers temps de l'exil, de la misère. Mais il avait dépassé ces moments noirs et, malgré tout, il ne s'était jamais senti un vrai perdant, puisqu'il n'y avait rien à gagner dans son combat qu'on puisse garder après. C'était juste un espoir, cela ne vaut rien et on peut toujours continuer à y croire. Auguste était un rebelle traînant un communiste dans l'âme. Rebelle, ce mot lui arrachait toujours un sourire de biais. Il se croyait normal, qu'y avait-il d'extraordinaire à refuser l'injustice sociale ? Pauvre idiot d'Auguste, il avait franchi le pas entre le dire et le faire, avait cédé au poids infâme des armes. Et maintenant, il se demandait pourquoi il se trouvait sur ce bateau, loin de sa maison et sans destin.

Il y avait bien longtemps, il avait déjà fait un pareil saut, cette fois-ci vers l'Ouest, de Paris à Mexico, mais il savait alors pourquoi. A l'époque, il avait encore dans les oreilles le claquement des bottes, les cris de la torture. Il ne fuyait pas l'espoir, il allait juste rejoindre les autres. Il y avait d'autres révoltés là-bas aussi, des gens normaux, des gens comme lui, la lutte était encore planétaire. Qu'est-ce donc qui avait changé ? Était-il, ce monde, devenu plus juste, au point de rendre caduques toutes les idées qui avaient enflammé sa génération ? Ou n'avait-il pas tout simplement cédé au poids de l'âge, haletant à présent sous un fardeau de valeurs de petit-bourgeois ? Il ne voulait pas le savoir, il ne faut pas se poser une question pareille quand on est tout seul. Ce n'était pas le parapet de ce bateau qui allait lui fournir la bonne réponse. Ni cette mer nerveuse, désertée même par les poissons. Où étaient-ils, les dauphins ? Les poings serrés, Auguste pressait fort ses tempes et ses doigts étaient blancs.

— Belle journée, hein ?

La voix le fit sursauter. Il regarda machinalement le ciel où le soleil pâle perçait à peine la chape de plomb. Il n'aimait pas se faire surprendre dans ses pensées noires. Igouf Ernest lui tendit un verre de son cocktail bien chargé et, caressant son ventre tendu, le regarda boire.

— T'as une femme ?

Auguste termina d'un coup son verre.

— Oui.
— Des enfants aussi ?
— Oui.
— Elle s'en occupe, il ne faut pas s'en faire.
— Sans doute, mais ce n'est pas la même.
— Donc, t'en as deux, tu peux dormir tranquille, conclut-il dans son rire qui lui découvrait toutes les dents.
— Non, je suis séparé de la mère de mes enfants et, à l'heure qu'il est, je ne sais même plus si j'en ai une seule.

Les réponses d'Auguste étaient sèches. Cette histoire de femmes lui broyait assez la tête, inutile qu'on vienne remuer le couteau dans la plaie.

Igouf Ernest délaissa son ventre pour remplir à nouveau les verres. C'était son style d'entamer la conversion de manière brutale. Il adorait prendre les gens de face et sans détours. Il évaluait ainsi son interlocuteur, avant de dévoiler ce qu'il arrosait dans son ventre. Dans d'autres circonstances, Auguste aurait apprécié. A l'instant, il avait du mal à se montrer amical.

Trois sifflements courts attirèrent leur attention à la poupe. C'était Mulu qui annonçait l'arrivée des dauphins. Ils filaient à toute vitesse à la surface de l'eau et, quand on les croyait partis, ils réapparaissaient juste au long de la coque. Il y en avait une dizaine, des tout petits aussi. Auguste les regardait sans mot dire. C'était peut-être une seule famille. Grands et petits, mère et père, ils nageaient tous ensemble et ne se séparaient jamais. Auguste eut un pincement au cœur.

Ils suivirent ainsi le bateau pendant quelques minutes, avant de s'exhiber dans un numéro de sauts et puis partir ailleurs.

— Tu vois, on les a eus, tout va bien. Une traversée sans dauphins est mauvais signe.

L'événement avait excité tout le monde à bord. Même le sourire du navigateur était moins bête que d'habitude. Auguste se sentait plus apaisé. C'était si simple, au fond, l'allégresse.

Le lendemain, Auguste se réveilla en sueur. Ses anges marquaient 5 h 30 quand il se décida à renoncer au lit pour monter sur le pont. Les autres étaient tous là. L'air était incroyablement chaud. Mulu, toujours à la barre, était torse nu et Igouf Ernest décapsulait une bière.

— Nous sommes entrés dans un courant chaud, la côte approche, lui annonça-t-il, tout guilleret.

Ils étaient désormais certains d'atteindre leur but. L'humeur à bord était aux blagues. La bibine circulait à flots et, quand ça montait trop à la tête, un seau d'eau lancé par surprise remettait les choses en place. Le navigateur quittait plus souvent son trou et, malgré son air déplacé, il faisait de son mieux pour participer à la détente générale. Toutefois, il ne cessait de guetter Auguste. Alors qu'il s'était isolé à la proue, il vint s'asseoir près de lui.

— Bon, on dirait qu'on y est arrivés.

Il parlait en regardant ailleurs, comme si son interlocuteur ne méritait pas ses yeux.

— Pourquoi ? T'en étais pas sûr ?
— Sûr ? Sur un rafiot pareil ? Tu veux rigoler ? C'est un miracle si nous sommes là, et après, il faut rentrer. J'espère que la mer sera meilleure qu'à l'aller.

Auguste aurait voulu l'attraper par le menton pour l'obliger à le regarder de face. Il ne croyait pas un mot de ce qu'il disait.

— Je ne comprends pas, répliqua-t-il sèchement. Tu ne travailles pas pour Igouf Ernest?

— Moi? Je ne travaille pour personne. Je suis indépendant. Il m'a demandé, il me paye, et puis c'est tout. C'est la première fois et ce sera la dernière. Une barque pareille, non mais, tu plaisantes.

Malgré l'envie de l'envoyer au diable, Auguste ne pouvait s'empêcher de repenser aux grosses vagues qui avaient fait craquer la coque. Un frisson lui gelait le dos. Il allait se lever, l'autre le retint par le bras.

— Ecoute, je ne sais pas ce que tu trafiques mais, si ça t'intéresse, j'ai un site et une société enregistrée. Je peux te recycler de l'argent, pas plus de 150 000 dollars à la fois, à 5 %.

Auguste resta interdit. Jusque-là, personne ne lui avait posé de questions sur cet étrange voyage, mais il avait attribué cette discrétion à une silencieuse complicité autour d'Igouf Ernest. Il ne se doutait pas que l'équipage avait été formé à la va-vite et avec n'importe qui. Et, à bien y réfléchir, ils étaient sur une des routes de la came! Il sourit à cette pensée. N'était-il pas plus convenable qu'on le prenne pour un trafiquant plutôt que pour un « terroriste », comme le présentait la presse, recherché dans le monde entier ?

— Alors ?

— 150 000, hein, pas mal. Et le site, qu'est-ce que c'est ?

— Des putes, il n'y a que des photos de putes. Tiens, prends ça, c'est mon mail. Tu envoies un simple bonjour et je prendrai contact avec toi.

C'est Auguste qui paierait le resto, parce qu'on lui avait laissé voir la côte en premier. D'abord une grande tache noire à l'horizon, puis, lentement, la silhouette d'une montagne, puis la végétation, puis le blanc d'un minaret.

Il commençait à faire noir. Contournant la péninsule pour atteindre le port, ils avaient viré à bâbord, le vent était en poupe. Auguste regardait Igouf Ernest trimbaler son ventre d'une corde à l'autre avec une souplesse inattendue. Lui aussi hissait les voiles en vue du port, comme ces Japonais dont avait parlé le vieux pêcheur. Il aurait voulu partager l'enthousiasme de ses compagnons de traversée, mais un insoutenable sentiment de dislocation lui comprimait la poitrine, une *chose* qui bloquait sa respiration. Il s'allongea à même le sol. A moins d'un kilomètre à leur droite, la masse rocheuse de la côte défilait, lente et inexorable.

Les yeux fermés, Auguste cherchait des explications à son angoisse. Il s'imaginait le port, beaucoup plus important que celui qu'il avait quitté, vu le nombre de navires qui y confluaient. Le débarquement, l'étourdissement d'une soirée de fête et puis, le lendemain, les autres auraient repris la mer. On rentre chez soi. Lui les regarderait partir, il écouterait jusqu'au dernier moment le bruit régulier du vieux diesel s'éloignant sur l'eau huileuse du port. Puis il ferait face au pays, seul. Un hôtel pas cher, un nouveau destin à inventer, rien d'autre qu'un bout de terre de plus. Il ne voulait pas descendre. Le voyage, avec un but à atteindre, c'était encore un moyen d'apercevoir la vie. Mais le reste n'était qu'une exécrable attente, une parenthèse hors la vie emplie d'autoflagellation. Il aurait voulu se clouer sur ce pont. Un faisceau de lumière vint lui incendier les paupières.

Auguste se leva d'un bond. Un bateau de la police pointait vers eux son projecteur aveuglant, un haut-parleur leur intima l'ordre de ralentir. Il se protégea les yeux de la lumière. Se sachant observé dans chacun de ses gestes, il cherchait, le cœur affolé, à prendre la pose modérément choquée du touriste qui paye pour avoir la paix. Il venait d'entrer dans un pays que, depuis le massacre du 11 septembre, les gendarmes de l'ordre mondial avaient placé tout proche de « l'axe du mal ». Drogue et terroristes, le premier monde consommait avidement l'une et fabriquait astucieusement les autres, mais c'était sur les peuples les plus démunis que le Ciel envoyait les bombes. Et Auguste approchait maintenant de l'un de ces pays contraints de faire du zèle pour prouver qu'il n'était pas un repaire du diable et garder ainsi le droit de vivre en paix.

Une embarcation rapide avec plusieurs hommes à bord s'était détachée du navire patrouilleur et venait vers eux. Igouf Ernest s'approcha d'Auguste.

— C'est un contrôle normal, ne t'en fais pas. Ton curé a dit que t'avais un passeport. C'est vrai?

— Oui.

— Et il est bon?

— Il l'est, sauf que la photo n'est pas la mienne. On me l'a prêté.

Ils parlaient presque sans bouger les lèvres.

Igouf Ernest fronça les sourcils.

— Ce n'est pas grave. Va le chercher et reste en bas. Je m'occupe de tout.

Auguste hésitait.

— A ton avis, sur leur bateau, ont-ils les moyens de faire un contrôle approfondi ?

— Vas-y, répondit-il en lui tournant le dos.

Assis sur sa couchette, Auguste écoutait le bruit puissant des moteurs qui s'approchaient, les voix en arabe et, à nouveau, les moteurs qui s'éloignaient. Une minute après, Igouf Ernest descendait sous couverte.

— Tout va bien. Ils ont emporté les papiers, c'est normal. Ils vont les photocopier, comme on leur demande de le faire. Puis ils les rapporteront et c'est tout. C'est plutôt ce connard là-haut qui fait chier !

Auguste l'avait entendu élever la voix contre le navigateur.

— Qu'est-ce qu'il a ?

— Je me le demande. Il crève de trouille et ça se voit de loin. On dirait que c'est lui qui est recherché. Tu ne lui as rien confié, au moins ?

Auguste remua la tête. Sa voix était rauque.

— A quelle distance est-on de la côte, exactement ?

Sauter du bateau, partir à la nage. Igouf Ernest recula d'un pas, le dévisagea un long instant puis, avant de remonter, lui lança durement :

— Suffit les conneries. Tu bouges pas d'où tu es, c'est moi qui commande ici.

Un quart d'heure après, ils étaient revenus avec les papiers. Le projecteur toujours braqué sur eux, le patrouilleur les escorta jusqu'à l'entrée du port et continua sa route. Entre-temps, Auguste avait perdu un bon kilo de plus.

Croisant dans le port de plaisance avec leur vieille coquille en bois, ils attiraient l'attention des équipages des dizaines de yachts et de voiliers luisants qui mouillaient à quai. Ils trouvèrent une place libre au bout d'une passerelle, juste à côté d'un deux-mâts, tout de fibre, dont la silhouette évoquait un missile. Igouf Ernest sauta par-dessus bord.

— Welcome, nice ship, where have you found such a tub [1] ?

1. Bienvenue, joli bateau, où avez-vous trouvé un rafiot pareil ?

Igouf Ernest acheva d'amarrer avant de dévisager leur voisin. C'était un grand gars allant sur sa quarantaine, habillé comme il se doit dans un port pareil, son sourire allant bien avec sa mollesse physique.

— Parle comme un homme, je te comprends pas, répondit Igouf Ernest en arabe.

— Vous ne parlez pas anglais ?

— Pourquoi ? Ça vous étonne ? Je parle cinq langues : arabe, espagnol, français, portugais et russe, et vous, vous n'en parlez qu'une seule. Depuis le temps que vous mouillez dans ce port, ajouta-t-il en pointant son doigt sur la couche de mousse qui couvrait la coque du voilier, vous ne vous êtes toujours pas rendu compte qu'ici, on n'est pas en Angleterre ?

Le sourire figé, l'homme jeta un regard au bois et au laiton de notre coquille, et s'éclipsa dans son silure.

Auguste riait.

— Ben qu'est-ce que t'as à te marrer, toi ? T'étais pas si gai que ça, tout à l'heure.

— Six.

— Six quoi ?
— Six langues. Tu lui as répondu en anglais.

Igouf Ernest massa délicatement son ventre.

— Merde, parfois, je ne sais pas me retenir. Mais ils font chier ces Amerloques, non ?

4

Karine

Ils avaient à peine posé les pieds à terre qu'Auguste cherchait déjà le moyen de repartir. A... était une grande ville, 25° en hiver mais la température pouvait brusquement chuter à 5°. Un port de plaisance, une station maritime où brillaient par milliers les lumières des croiseurs et, au large, plusieurs cargos qui attendaient le remorqueur. Rien à voir avec l'île qu'il venait de quitter. Ici, c'était son tremplin pour le grand voyage, son dernier.

Le mot « dernier » lui restait coincé dans la gorge. Et après, était-ce donc la mort ? Peu de jours avant, quand il marchait encore dans la nuit de Paris, seul comme un chat perdu, la mort n'était pas plus qu'une possibilité banale. Peut-être même la bienvenue. Depuis, rien de vraiment spécial n'était advenu pour qu'il s'accroche à nouveau à la vie. Sauf qu'il pouvait à nouveau sortir le jour, voir la lumière. Cela suffisait-il pour que l'espoir revienne? Il avait peur d'arriver au bout du voyage et ne songeait en même temps qu'à repartir. Chaque côte était une arrivée, un terme, une petite mort égarée au milieu de l'océan. Demain, il s'en irait d'ici.

Ils avaient quitté leur bateau vers neuf heures du soir. Lavés, rasés, vêtus d'habits propres et assoiffés comme des marins, ils allaient aborder cette ville étrange qu'Igouf Ernest semblait connaître de bout en bout. Ils marchaient deux par deux. Lui et Igouf Ernest devant, Mulu et le navigateur à quelques pas derrière. Auguste se retournait de temps en temps vers eux. Le navigateur parlait presque à l'oreille de Mulu et le jeune homme l'écoutait d'un air extasié. Auguste se méfiait de ce type, de ses petits yeux vides, de son sourire qui n'en était pas un. Mulu était trop jeune pour voir.

D'après ses lectures, Auguste s'était fait une idée romantique de ce lieu légendaire. Mais une fois quitté le port, le paysage frustra son rêve. Que des vieilles bâtisses préfabriquées datant de « l'occupation » soviétique, ordures en tout genre encombrant les trottoirs. Dans les rues mal entretenues, voitures filant à vive allure, répandant musique arabe à tue-tête, jetant au vent quantité de sacs en plastique. Où était-elle, la ville du Poète ? Percevant sa déception, Igouf Ernest ricanait en silence. Finalement, il arrêta un taxi. Après avoir demandé de couper le son, il indiqua le nom d'une place au chauffeur indien.

Malgré la même profusion de décharges sur la voie publique, le quartier suivant apaisa Auguste. Après une longue descente au long d'une rue tortueuse, le taxi roulait maintenant entre d'anciens immeubles aux façades richement ornées. Le nez collé à la vitre, Auguste regardait défiler les décorations aux couleurs vives, reproduisant le soleil levant ou la silhouette d'un cheval lancé au galop. Igouf Ernest lui tapota l'épaule.

— Ça va mieux, mon grand ? Nous sommes dans le fameux C... On va fêter ça, mon pote, je connais un coin réservé aux soûlards.

Le taxi les laissa sur une place bondée de touristes, portant leurs lunettes de marque même la nuit. Dans une rue piétonne, une table libre dehors, ils s'arrêtèrent pour un soda, les boissons alcoolisées étant seulement permises à l'intérieur. Ils buvaient en regardant les gens passer. Beaucoup de jeunes filles, quelques-unes au regard perçant leurs scaphandres noirs, mais la plupart profitant de la zone libre pour exhiber leur tenue occidentale, montant et redescendant le même trottoir. C'était le lieu et l'heure de la drague. Les plus audacieuses étaient toutes habillées de manière semblable, à la mode des années 70, pantalons à pattes d'éléphant et mini chemisiers. Auguste regardait leur va-et-vient d'un air attristé. Lui aussi s'était vêtu ainsi, mais il lui semblait que ces jeunes filles bouffaient mal et trop. Le navigateur, en revanche, avait les yeux exorbités. Tout ce lard serré dans de petits vêtements n'était pour lui que de la bonne marchandise. Allez, encore un petit tour, les filles marchant devant et les garçons derrière. Auguste avait tout simplement vieilli. Voyant que le navigateur consultait le menu, Igouf Ernest se leva d'un bond.

— On ne mange pas ici. Il y aura bien quelque chose de mieux ailleurs.

Par une série de rues montantes, on s'éloignait de la place et des touristes. Igouf Ernest finit par s'arrêter devant un bistrot au fond d'une ruelle obscure. Le navigateur, qu'on entendait bouder depuis un bon moment, jeta un coup d'œil à l'enseigne douteuse puis à la salle vide et, sans mot dire, fit demi-tour. Mulu hésita et, après un sourire d'excuse, le rejoignit en courant. Igouf Ernest éclata de rire.

— J'étais sûr que ce connard n'allait pas rester. Il aime les mangeoires à touristes, juste pour mater les filles qui passent. Tant mieux, on pourra parler tranquilles.

Immobile sur le seuil du bistro, Auguste regardait Mulu s'éloigner avec le navigateur.

— Qu'est-ce que t'as ? Toi aussi, tu aimes les attrape-couillons ?

— Non. Je me disais juste qu'il faudrait faire attention à Mulu. J'ai l'impression que le navigateur n'est pas une bonne compagnie pour lui.

— Ce connard. Je vous ai vus parler tout à l'heure, il t'a demandé quelque chose ?

— Non, rien. Rien du tout.

Une femme et un homme buvaient au comptoir avec le patron, un ventilateur tournait au-dessus des tables vides. Igouf Ernest demanda à dîner, le patron lui tendit une carte et retourna à son verre. Pas bavard le gars, un homme grand et chauve avec une belle moustache blanche. Igouf Ernest jeta un œil à la carte et la referma aussitôt.

— Qu'est-ce que tu veux manger?

Auguste haussa les épaules.

— Je ne sais pas, je n'ai pas vraiment faim.
— Attends de voir, et tu me diras après si t'as faim ou non.

Il s'accouda lui aussi au bar et commanda deux bières d'un air entendu. Il vida son verre d'un coup et s'adressa au patron.

— Ça, dit-il en désignant la vitre d'un frigidaire, ce n'est pas sur la carte.

Le patron se retourna pour regarder ses victuailles, puis revint vers eux l'œil méfiant.

— Non, ce n'est pas pour la carte. Ça, c'est cher.
— Vous avez du vin rouge?
— Du turc.
— Parfait. Une bouteille, avec deux de vos bijoux, s'il vous plaît. Allez, viens t'asseoir, fit-il à Auguste sans attendre la réponse.

Igouf Ernest inspecta rapidement son assiette quand le patron vint les servir.

— Toujours frais, même et surtout à Sana'a, dit le patron. Si vous doutez, allez vous-même choisir votre poisson dans le congélateur.

Igouf Ernest buvait à une vitesse impressionnante. Auguste en était à son premier verre qu'il commandait déjà une deuxième bouteille. Pourtant, on ne le voyait jamais désaltéré.

— Il est excellent, ce poisson. Je n'en ai jamais goûté d'aussi bon.
— C'est du samaks, tu ne connaissais pas ?
— Non.
— Je l'ai repéré dès qu'on est entrés. Le patron le sert au compte-goutte à ses meilleurs clients. Il est feignant et con ce mec, je viens chez lui au moins une fois par an et il fait toujours semblant de ne pas me connaître.
— En tout cas, son truc m'a attisé l'appétit.
— C'est une spécialité du pays, style daurade, cuit au feu avec sauce piquante, un vrai délice. T'es en train de bouffer le meilleur poisson du monde, mon pote. Maintenant, qu'est-ce que tu comptes faire ?
— Je le dévore et j'en commande peut-être un autre.
— Ça me fait plaisir de te voir un peu

plus fringant, mais ce n'était pas ce que je voulais dire.

Auguste s'en doutait bien mais, à part un ami curé en commun, que savait cet homme de lui ? Jusque-là, il n'avait pas posé de questions à propos de sa fuite. Connaissait-il sa vraie identité ? Le curé avait pu lui raconter n'importe quoi : un ami en danger qu'il faut aider, rien de vraiment grave, des conneries, c'est juste pour un temps. Le temps de crever dans le doute, se disait-il, levant les yeux vers Igouf Ernest. L'impression qu'il ne pourrait plus jamais désormais se confier à quiconque lui fit avaler un bout de poisson de travers.

Il toussa et siffla un verre de vin avant de répondre. Ses joues étaient rouges.

— Je ne sais pas. J'entrerai dans un autre petit resto, kurde peut-être, où un gars m'embarquera sur sa coquille de noix.

Igouf Ernest découvrit toutes ses dents, il avait le sourire facile.

— Ça m'étonnerait. Le hasard n'existe pas, il se construit et cela se paie. J'ai fait ce qu'on m'a demandé de faire. Il n'y a plus de Kurdes qui t'attendent, tu dois te débrouiller seul maintenant. Pourquoi ne pas rester ici ? N'es-tu pas déjà assez loin de tes problèmes ?

Auguste ne savait toujours pas jusqu'à quel point il pouvait avoir confiance en cet homme, mais le besoin d'un conseil ou même d'un mot d'encouragement était trop fort.

— Non, lâcha-t-il. Il ne manquerait plus qu'on me trouve dans un pays pareil. Avec toutes les saloperies qu'on a écrites sur moi, ce serait pour eux la cerise sur le gâteau.

Igouf Ernest buvait à petits coups, le regard loin.

— Je ne peux plus rien pour toi, mon pauvre, soupira-t-il. Il y a une seule chose que je peux te dire : ta gueule est affichée partout, et en ce moment ils se méfient de tout le monde. Ne tente pas un vol de ligne régulier. Essaie plutôt le port. Par ici, une bonne poignée de dollars peut faire des miracles. A la tienne, fit-il en vidant son verre.

La lumière du jour incendia d'un seul coup la vitre épaisse du hublot. Auguste l'attendait depuis des heures. Les autres étaient déjà debout. Il fallait reprendre le large avec la marée descendante, et ils n'avaient plus beaucoup de temps pour les préparatifs. Igouf Ernest donnait les instructions, gasoil, nourriture, groupe électrogène de réserve, chacun à sa tâche. Auguste ne bougeait pas de sa couchette. Son sac était prêt, il attendait que tout le monde s'en aille pour se larguer à son tour. Il fixait le plafond, impassible, et l'affolement à bord était un bruit lointain. Auguste n'était déjà plus là, ni nulle part ailleurs. Il était redevenu étranger à lui-même, rien qu'une chose à déplacer, comme un bagage. Avec la fin du voyage, les amabilités s'achevaient aussi, et les autres, dans leur va-et-vient, passaient à côté de lui sans le voir. Auguste de même.

Finalement, il fut seul à bord. Il quitta sa couchette, sauta sur la passerelle avec son sac à dos. Il ne savait même plus ce qu'il y avait dedans. Le soleil n'était pas encore très haut mais, sur le quai, la chaleur était déjà forte. Les yeux au sol, il marchait d'un pas lent et régulier, avec l'impression d'avoir vécu ce même instant. Était-ce il y a an, une heure, ou dans un rêve? Son cœur battait, ses pieds avançaient l'un après l'autre, le ciel ne tomberait pas sur le monde. Pas encore.

Il choisit au hasard une de ces auberges rudimentaires où l'on dort sur des matelas à même le sol dans une grande pièce collective. Voyant qu'on lui proposait de doubler le tarif normal, le patron troqua sa méfiance pour un sourire et lui dénicha une minuscule pièce individuelle.

Pour l'équivalent de 32 dollars par jour, il eut droit à un matelas défoncé, un ventilateur, et des barreaux à la fenêtre en demi-lune donnant directement sur le couloir. C'était le moins cher. Une affiche collée à la porte avisait en plusieurs langues que l'administration n'était pas responsable des vols perpétrés dans les chambres. Auguste renonça à défaire son sac et ôta le couvre-lit. Les draps, au moins, avaient l'air propres. Il n'avait même pas pris un thé, son estomac se serrant à l'idée d'avaler quoi que ce soit. Dormir. Le sommeil pourrait seul combler le creux qui s'était installé dans son esprit. Mais chaque fois qu'il le laissait venir, il se sentait chuter au fond d'un abîme. Il rouvrait alors les yeux, regardait le plafond, les murs jaunis, et ses pensées, l'une après l'autre, reprenaient leur cours. Paris était toujours là, ses rues et ses façades de pierre, images mêlées d'amour et d'inimitié qui ne voulaient pas pâlir. Dans son désir aveugle de revenir en arrière, même cette cellule de la Santé où il avait passé quelques semaines lui semblait plus accueillante que cette pièce qui l'éloignait un peu plus du monde. Les barreaux à la fenêtre étaient d'ailleurs semblables. Il réentendait des mots, remontait aux visages, assistant à un défilé de visions fugaces. Des ligaments de vie qui, jour après jour, le retenaient hors de sa nouvelle et inacceptable existence. « Assassin », disait le juge de la Cour d'appel. « Assassin ! » lui gueulait le plafond, chargé de haine. « Assassin », répétait-il du bout des lèvres. Après quinze ans de refuge, la France avait renié sa parole et lancé son peuple tout entier contre lui, Français rendus impuissants d'ignorance. Assassin, assassin, disait la presse. Assassin, assassin, répondaient les autres tous ensemble. Auguste les regardait crier. La plupart n'étaient même pas nés à l'époque des faits. Qui se souvenait en France des atroces années 70 en Italie ? Qui savait ? C'était il y a trente ans et, pourtant, ils criaient soudain « Assassin, Assassin ! » Auguste n'y croyait toujours pas. Ils se trompaient, ils s'adressaient certainement à quelqu'un d'autre. A un mafieux peut-être, ou à l'un de ces dictateurs que la France avait entre-temps accueillis à bras ouverts, mais pas à lui. Pas à lui qui s'était livré à ce pays corps et âme, et où la seule richesse qu'il avait pu accumuler étaient ses amis et sa famille. Détrompe-toi, mon cher, l'implorait une petite voix là-haut sur le plafond, c'est bien ta peau qu'ils veulent. Mais pourquoi lui. Cela revenait encore. Était-il possible que sa petite vie à Paris, avec ses bouquins invendus, puisse déranger autant ? Il faut le croire, lui soufflait la raison. Mais la raison ne vaut pas grand-chose quand le cœur n'y est pas. Auguste fermait les yeux. Dormir, oui, accepter l'évanouissement, et quelle importance s'il remontait ou non du précipice ?

Le lendemain matin, Auguste pliait bagage. Il n'avait pas fermé l'œil de la nuit. De dix heures du soir jusqu'à l'aube, le couloir s'était transformé en une rue publique un jour de marché. Il opta pour un hôtel un peu plus cher dans un autre quartier. La différence des lieux ne sautait pas aux yeux, mais ici au moins les va-et-vient et les éclats des langues déliées par l'abus d'alcool étaient-ils plus discrets.

En fin d'après-midi, il osa s'aventurer dans la rue. Le soleil chauffait toujours comme un jour d'été. Tête basse, il se faufila entre les nuées de touristes qui dévalisaient les boutiques de souvenirs. Des Européens qui, par milliers, venaient ajouter une couche de mer à leur bronzage des neiges. Pour Auguste, ils n'étaient rien d'autre que de possibles témoins de sa présence dans ce pays. Il essayait de les éviter en prenant des ruelles latérales, mais comme son but était le port de plaisance, il finissait par revenir au milieu de la foule. Après plusieurs détours, il se retrouva sur l'inévitable zone occidentale du C... Un imposant kiosque à journaux était planté juste au milieu d'une place. Auguste y acheta l'édition internationale d'un quotidien français et alla s'asseoir à la terrasse d'un restaurant. Il feuilleta rapidement les faits divers pour arriver aux annonces. Il y trouverait peut-être quelque chose d'intéressant pour son embarquement. Son estomac lui sauta à la gorge. Les yeux serrés, il revint lentement à la photo de la page qu'il venait distraitement de tourner. C'était lui. Ce visage, déformé par une grimace cueillie avec un zoom et qui auparavant avait fait le tour du monde, c'était bien le sien.

C'était un article de remplissage. La cour de cassation, en France, venait de rejeter les requêtes de la défense pour faire annuler le décret d'extradition d'Auguste vers l'Italie. Le chroniqueur profitait de l'occasion pour le mettre en relation avec un anarchiste italien qui purgeait une peine d'une centaine d'années dans une prison espagnole et avec qui, selon lui, l'ancien « terroriste » recherché aurait entretenu des relations épistolaires. Rien qu'un espace à remplir dans les pages centrales, mais il s'agissait d'un journal de référence dans plusieurs pays et le portrait, même avec les traits déformés par la grimace de « l'assassin », était bien celui d'Auguste. A l'approche du serveur, il referma rapidement le journal et insista pour payer sa consommation d'avance.

S'il avait pris le temps de souffler, au moins quelques secondes pour réfléchir, si ce n'avait été lui, l'homme en fuite, alors il aurait pu dire : ne t'inquiète pas, avec une tronche pareille, ta mère ne te reconnaîtrait pas. Mais depuis le temps que cette terrible photo circulait, il avait fini par s'habituer à cette grimace assassine. Au point que, quand il se rasait, il avait plusieurs fois essayé de la refaire, sans jamais obtenir un résultat satisfaisant. Tout au plus réussissait-il une caricature, une moue de clown. Où étaient-ils, ce regard glacial et cette lèvre cruellement tordue qui avaient révolté les bonnes gens? Cela l'embêtait presque de ne pas être à la hauteur de l'original. Il n'était plus rien, même pas capable d'imiter ce monstre, maintenant relégué à la page 10 du journal.

Si Auguste avait été maître de ses gestes, il aurait tranquillement fini son verre. Et, pourquoi pas, retrouvé le goût d'une cigarette, cela lui était revenu à l'esprit ces derniers temps. Au lieu de cela, il se leva d'un bond et, au risque de bousculer un infirme, il se barra comme un voleur. Remonta la rue en rasant les murs pour aller s'engouffrer dans une sorte de centre commercial. D'un stand à l'autre, sans prendre garde aux prix ni aux tailles, il remplaça ses habits par un bermuda voyant, une casquette, une paire de sandales en faux cuir et des lunettes de marque, comme tout le monde. Moins d'une demi-heure après, l'impératif de la sécurité l'emportant sur son sens du ridicule, il était prêt à reprendre le chemin du port. Le plus difficile était de traîner les pieds avec ce mélange de flemme et d'écœurement qui réussissait si bien aux autres touristes.

Manquait le bronzage. Il avait beau jouer le vacancier extravagant, chaque fois qu'il interpellait quelqu'un sur le pont d'un trois-mâts, celui-ci fronçait les sourcils et l'examinait avec une pointe de dégoût. Le marin plissait les yeux, pieds écartés et mains sur les flancs, tel l'officier scrutant du haut de sa tour l'avancée de ses soldats. Qu'est-ce que vous cherchez, en fait ? Pourquoi la mer ? Un avion, n'est-ce pas, c'est beaucoup plus pratique. De bateau en bateau, d'une passerelle à l'autre, Auguste arpentait le quai. Seuls une jeune femme et son vieil époux japonais avaient montré un certain intérêt pour ses dollars. Ils avaient besoin d'un coup de main à bord, mais ils ne lèveraient pas l'ancre avant deux mois. Les moussons, vous savez... Laissez une annonce à la capitainerie, si vous êtes pressé, lui lança le bonhomme, à qui le tremblement des mains et le nez rouge donnaient la dignité d'un pape.

Combien de temps fallait-il pour devenir chocolaté comme eux et se sentir enfin à l'aise dans sa nouvelle tenue? Des jours, ou des semaines. Tout en s'accrochant à des possibilités encore inexplorées, Auguste rebroussa chemin le moral à terre.

Déambulant derrière ses pensées noires, il grimpa vers le quartier élevé de la ville. Il voulait voir l'eau d'en haut, parcourir du regard l'infinité de l'océan jusqu'à ce que son corps s'en aille avec. Ses pieds enflammés continuaient d'avancer, toujours plus haut, loin de ces beaux bateaux qui ne prenaient jamais la mer, pas la sienne en tout cas. Rien que du décor, des centaines de plages flottantes, l'huile de coco, les lunettes noires. Soudain un vertige, la vue qui s'en va, les mains qui tremblent. Les passants s'écartèrent de lui, un drogué, quelle misère, à cet âge. Auguste serra les dents, il n'avait rien avalé depuis trop longtemps. Il atteignit un muret juste avant l'évanouissement. Quand il rouvrit les yeux, le ciel était teinté de rouge, un jour de plus qui allait se coucher sur lui.

Son malaise lui avait au moins libéré l'esprit, il fallait se remplir le ventre au plus vite. Suivant le flux des touristes, il déboucha sur l'inévitable zone occidentale, s'installa à la première place libre. Là ou ailleurs, c'était égal, plats et prix étaient partout les mêmes. Seules différaient la couleur des nappes et les voix blagueuses des garçons. Celui qui prenait la commande d'Auguste faisait entendre ses dix langues à dix tables de distance. Il avait toujours une drôlerie toute prête, citait le Prophète et Rimbaud pour finalement refiler son « salta », sorte de ragoût verdâtre qu'il n'était pas parvenu à écouler à midi. Il devait en avoir une tonne à faire partir. Auguste le déçut terriblement en ne choisissant pas son incomparable délice. Parce que tous les clients l'écoutaient, ce refus banal tournait en défaite publique. La soirée commençait mal pour ce serveur philosophe. Le coup de grâce lui fut donné quand Auguste interrompit son éloge d'une boisson locale pour commander une demi-bouteille de rouge d'origine douteuse, bien sûr discrètement servi dans une bouteille à soda.

Auguste n'avait aucune intention de provoquer la susceptibilité de cet homme, il voulait juste s'en défaire pour sortir en paix son calepin et tenter d'organiser son lendemain. Il lui restait le port de commerce. Avec tout ce trafic de cargos, il avait une chance d'en trouver un qui ferait l'affaire.

Il avait déjà fait cette expérience une vingtaine d'années plus tôt, pendant son exil au Mexique. Mais à l'époque il n'avait pas les flics aux trousses, ni l'intention de quitter le continent. Il voulait juste apaiser une tourmente, se fuir en attendant le retour de sa femme et de leur enfant. Elle était partie, il y avait eu une crise. La vie d'exil est épuisante pour une mère d'une gamine de cinq ans. Les déplacements incessants, la précarité, l'âge de l'école qui approche. Sa femme ne voyait plus la fin de la course et elle rentrait en France avec leur fille. Le temps de remettre ses idées en place, de trouver une issue. Elle avait raison et Auguste l'avait même encouragée à partir. Il se croyait assez fort pour supporter le manque, sans se douter un seul instant que, s'il n'avait pas encore cédé au désespoir, il le devait à sa petite famille qui tenait dans une valise. Au début, il s'était immergé dans l'écriture, c'était le moment ou jamais d'expérimenter ses velléités littéraires. Puis l'inspiration l'avait abandonné et il l'avait remplacée par la bière. Au bout de deux semaines, il en était déjà à une quinzaine par jour. Son ulcère criait pitié, il avait dû trouver un autre moyen de combler son vide. Sur un coup de tête, il avait pris un billet pour Veracruz. Il allait s'embarquer, se perdre un temps dans la mer. Il avait trouvé sans mal un passage sur un cargo grec. Coup de chance, le capitaine avait besoin de remplacer un aide cuisinier tombé dans les malheurs. Ils levaient l'ancre le lendemain, Veracruz-San Andrés-Panama-San Francisco, et retour au port mexicain de Tampico. Trente-cinq jours en tout. L'idéal pour Auguste, ses chéries n'allaient pas tarder à revenir et, entre-temps, ce serait la mer, les ports inconnus, un travail manuel, exactement ce qu'il lui fallait pour s'occuper l'esprit. Il avait sauté à bord le cœur léger, comme un enfant. Moins de dix jours après, il débarquait, allait soigner ses illusions dans un hôpital de Panama. Les marins, leur charme et leur allégresse qui avaient nourri ses rêves d'aventure n'étaient plus que du cinéma. A bord de ce navire, il n'avait pas entendu un éclat de rire, pas un mot qui ne fût un ordre sec. Quand ils n'étaient à la tâche, les membres de l'équipage stationnaient au bar. La salle était assez vaste pour qu'ils puissent y rester des heures, chacun dans son coin avec une bouteille à vider. Ils fonctionnaient au whisky, mélangé au café dès six heures du matin, puis pur. Jamais une conversation, Auguste avait essayé. Mais l'autre, sans même lever les yeux, lui remplissait son verre à bière de whisky et c'était tout. C'est long, une journée en mer. Auguste avait recommencé à penser à sa vie. Lui aussi avait sa table et une bouteille à vider. Il s'était mis au whisky et maintenant, son ulcère saignait. C'était il y a longtemps, il était jeune. Est-ce qu'on l'aurait encore accepté à bord, vingt ans après ?

Au milieu de la clameur d'un restaurant réservé aux infidèles, Auguste n'entendait que son silence. Etranger là-bas, étranger ici, il traversait comme un mort des paysages de rêve. Il rouvrit son calepin et ajouta un point d'interrogation derrière la possibilité « cargo ». Il avait avalé la nourriture comme un médicament et faisait durer le rouge au goût d'orangeade. L'Orient, ce n'était pas le Mexique, et les temps aussi avaient changé. A l'époque, il n'y avait pas encore la psychose du terroriste, du trafiquant, de l'immigré, cette peur de l'autre qui engendrait aujourd'hui violence et guerres. Comment allait-il faire pour approcher un capitaine de navire ?

— Bonsoir Monsieur, ça vous dirait, un peu de compagnie ?

Auguste se retourna vers cette voix tout en consonnes. C'était une jeune fille au visage pâle entouré par une masse de cheveux bruns. Ses yeux étaient clairs et il n'y avait pas trace de soleil sur sa peau laiteuse. Ce détail lui arracha un sourire. Ils étaient sûrement les seuls de l'île à n'avoir jamais mis les pieds à la plage.

— Vous êtes seul ?
— Oui mais ça va. Je préfère.

La fille ne bougeait pas, ne le quittait pas des yeux. Ne sachant plus que dire sous ce regard immobile, nullement implorant, Auguste l'observait, gêné. A première vue, on n'aurait pas dit une prostituée. Elle était un peu déplacée dans cette ambiance habillée à la dernière mode, mais c'était peut-être cette différence qui lui donnait du charme. Une fille des pays du Nord venant de débarquer. Une autre prostituée, sans doute, mais comment faisaient-elles pour échouer jusqu'ici ? Non, merci, répéta-t-il mécaniquement. Sans état d'âme, la fille détacha son regard pour inspecter les autres tables. Elle allait partir.

— Non, attends un moment.

Auguste avait parlé fort, attirant la curiosité des tables voisines et, surtout, l'attention du serveur qui pouvait enfin conclure que ce client était un pigeon.

— Vous voulez manger ?
— Non merci. Un double Martini, dit-elle à mi-voix.

Elle prit le verre directement de la main du serveur et le siffla d'un coup.

— Un autre ?
— Merci. Pourquoi avez-vous changé d'avis ?
— Je n'ai pas changé d'avis. Je vous invite à boire un verre, c'est tout.
— Oui, les hommes font toujours semblant de ne pas savoir ce qu'ils veulent.
— Et je voudrais quoi ?
— Faire l'amour, quoi d'autre !
— Votre prix ?
— 50 dollars pour une demi-heure, avec préservatif et pas de rapport anal.
— C'est bien dommage, il n'y a que cela qui m'intéresse, le rapport anal.
— Vous n'êtes pas sérieux.
— Qu'est-ce qui vous le fait croire ?
— Votre montre.
— Ah, ma montre... A cause des anges ?
— Vous n'êtes pas un pervers.
— Pourquoi ? Payer une femme pour une prestation traditionnelle vous semble catholique ?

— Non, mais au moins, ce n'est pas contre nature. Et puis, par-derrière, ça fait mal.

— Voilà une raison. Vous connaissez la ville ?

— Assez pour ne pas m'y perdre.

— Le port aussi ?

— Surtout le port. Vous payez un autre verre ?

— Bien sûr, mais pas ici. C'est quoi, votre prénom ?

— Karine.

— Allez, Karine, on va se saouler ailleurs.

— Eh, attends un peu. Il faut que je travaille, moi.

Auguste était déjà debout et, sur sa lancée, il avait oublié les bonnes manières.

— 200 dollars pour vider une bouteille avec moi, sans provoquer les anges, c'est bon ?

— 250.

Auguste se réveilla en sursaut, la main sur l'interrupteur. Il souffla. C'était bien sa chambre, et il n'y avait personne d'autre dans son lit. Un instant, il avait craint la bêtise, mais le parfum de femme qui l'avait arraché au sommeil n'était qu'un rêve. En fait, il n'y avait même pas de rêve, juste cette odeur douceâtre qui lui était restée collée aux narines, sans doute depuis la tournée des bars à la Marine, la veille au soir. La veille ou aujourd'hui ? A peine neuf heures du matin, et les anges de sa montre faisaient déjà la gueule. Combien de bars, boîtes, antres, y avait-il dans cette rue ? Il ne s'en souvenait plus, un véritable forcing. Heureusement, il était resté à la bière, deux cachets de Doliprane devraient suffire à le remettre en route. Ce qui l'embêtait le plus, c'était ce trou de mémoire. Des hangars du port jusqu'à son hôtel, il y avait un sacré bout de chemin à faire. Auguste cherchait un détail qui lui aurait permis de reconstruire ce parcours qu'il avait bien dû couvrir. Mais hormis ce parfum qui persistait, rien que du vide. Quelqu'un l'avait sûrement ramené dans un état qu'il n'osait pas s'imaginer. Quelqu'un !

Auguste sauta sur ses pieds, tira le drap et le renifla, inspecta le lit en long et en large, pas de cheveu ni de poil suspect, pas de trace de baise non plus. Si Karine ou l'autre fille, cette blonde que le soi-disant capitaine russe s'obstinait à appeler « ma nièce », l'avaient aidé à rentrer, elles n'étaient pas restées longtemps ici. Pas assez en tout cas pour découvrir sa cachette avec son argent et son passeport. Ni pour lui refiler une maladie, conclut-il en examinant son sexe. L'idée d'avoir pu coucher pour la première fois de sa vie avec une professionnelle sans même s'en rendre compte le faisait se sentir irresponsable. Se mettre dans un état pareil dans sa situation, c'était suicidaire. Il fallait absolument reconstruire pas à pas cette nuit scélérate. Bon Dieu, avait-il lâché un mot de trop ? Une douche l'aiderait à se rafraîchir la mémoire.

La brosse à dents lui tomba des mains. A côté du lavabo, il y avait deux verres, dont un avec des traces de rouge à lèvres. Cela sentait la vodka.

Sans perdre un instant pour se sécher, il se précipita dans la chambre à la recherche de ses habits. Le ciel n'attendrait pas pour tomber sur terre. Un tumulte de pensées noires rendait ses gestes chaotiques, incohérents. Il prenait une chose, la reposait pour aller en chercher une autre, et puis il oubliait où il avait mis la première. Il pensait à tous ceux qui l'avaient aidé à Paris, au curé qui lui avait fait quitter la France. On lui avait fait confiance, et voilà qu'il les remerciait en foutant tout en l'air pour une beuverie. La honte lui gonflait la poitrine.

A l'hôtel, l'heure était aux ménages, il espérait gagner la rue sans se faire remarquer.

— Bonjour. Monsieur libère la chambre ? lui demanda le réceptionniste à un pas de la sortie.

Auguste confirma d'un signe, il avait payé d'avance.

— Un instant, il y a un message pour vous.
— Pour moi ?

L'homme avait déjà décroché un papier du tableau.

— Vous étiez bien la 311 ? Alors tenez, et bon voyage.

Auguste fit disparaître le papier dans sa poche et remercia en sortant.

La température avait chuté, le temps était à la pluie. Il tourna à plusieurs coins de rue, revint sur ses pas, enregistrant tout mouvement louche. C'était inutile. Ce passant, ces motos toutes semblables, cette voiture aux vitres teintées, tout cela pouvait cacher un flic. Il arrêta un taxi et demanda qu'on le conduise à un hôtel quelconque. Le chauffeur l'interrogea des yeux. Dans cette rue, les hôtels étaient à touche-touche. Non, je n'aime pas ce quartier, trop loin de la plage, quelque chose de plus confortable, improvisa Auguste.

Un hôtel moderne, 140 dollars sans le petit déjeuner, et la plage à cinq arrêts de bus. Les visites dans les chambres n'étaient pas permises. Cher pour un simple dépôt de bagages mais la dame somalienne qui tenait le guichet ignora son passeport et lui remit une fiche à remplir à sa guise.

Le message consistait en un numéro de portable suivi d'un K et d'un PS en français : « Pas avant 17 heures, mon chat ». Il écrabouilla le papier en se maudissant. Du français, une piste, quoi encore? Sur le point de le jeter dans la cuvette des toilettes, il changea d'avis. Il fallait qu'il sache jusqu'où il avait poussé sa connerie. Si Karine avait les moyens et l'intention de le dénoncer, quelle meilleure occasion que de le cueillir dans son sommeil ? Il fallait quitter les lieux, vite.

Un plan à la main et une liste d'agences de voyages en poche, Auguste arpenta la ville de bout en bout. La pluie qui promettait de tomber d'un moment à l'autre, ce n'était que du vent. Le ciel était redevenu vapeur bleue et l'air lourd, saturé de gaz et de relents d'égout. Il entrait dans une agence, sortait d'une autre, passant de l'air conditionné à cette canicule d'hiver, alternant sueur froide et sueur chaude et se heurtant partout aux mêmes réponses.

— Non, monsieur. Pour tout vol intercontinental, une escale est prévue dans plusieurs capitales européennes, ou à R., au plus proche, avec changement d'avion. Il y en a pour tous les prix et pour tous les goûts. Pourquoi se compliquer la vie avec des trajets impossibles? C'est plus simple et plus rapide ainsi, n'est-ce pas? Vous dites? Les croiseurs, là-bas? Bien sûr qu'ils font la traversée.

A cette question, le visage de l'agent s'illuminait. Autres prix, autres marges de bénéfice pour eux.

— Ah, mais cela c'est une autre affaire, du pur plaisir. Voyons, Bombay, Calcutta, Manille, Jakarta, avec des excursions à l'intérieur du pays.

Auguste reprenait alors un peu d'espoir, mais cela ne durait jamais longtemps.

— Avez-vous une préférence, cher monsieur? Le premier départ, vous dites, voyons...

Dépliants, coups de fil, navette d'un bureau à l'autre, enfin, coup de chance, il restait justement une place de première sur un bijou qui avait déjà accueilli à bord un certain nombre des princesses et qui partait le surlendemain.

— Dans dix jours, monsieur, vous converserez avec les poissons des mers du Sud. Mais il faut faire votre réservation au plus vite, c'est la dernière place, vous comprenez. Le passage en avion est compris dans le prix. Oui, l'avion, évidemment, sauf si vous voulez y aller à la nage. L'embarquement se fait à partir des grands ports européens. Attendez, il y en a un aussi au départ d'Alexandrie mais, dans ce cas, il faut attendre une quinzaine de jours. Il y en a deux à quai, vous dites ? Cela arrive souvent, ils font régulièrement cette route, ils restent un jour ici et puis ils repartent, mais ils sont toujours complets. Vous n'avez pas idée des listes d'attente, ce n'est pas du transport de ligne, n'est-ce pas.

Auguste promettait de revenir et, chemin faisant, il consultait sa liste, se répétant n'est-ce pas, voyez-vous, évidemment. Evidemment, seuls des géants de l'Europe occidentale pouvaient mettre à l'eau un de ces cercueils clignotants sans risquer un sou de leur poche. Ils trouvaient assez de pigeons qui payaient d'avance puis louaient la bête et l'équipage et, hop, allez vous faire plumer ailleurs.

A 17 heures pile, Auguste appelait Karine. Il n'était pas du tout certain de la trouver au bout du fil. Les promesses alcoolisées résistent rarement à la lumière du jour. Elle avait peut-être griffonné un numéro quelconque, ou bien elle était avec un client, ou bien elle... Elle décrocha. Ses consonnes remplissaient toujours sa bouche, mais la voix n'était pas hostile. Rendez-vous dans une heure au même restaurant. Auguste aurait le temps de changer de sueur et de réfléchir à une approche intelligente.

Il rejoignit la zone occidentale une dizaine de minutes avant l'heure convenue. Il était agité, s'en voulait toujours et n'avait trouvé rien de mieux que d'arriver plus tôt pour la voir venir et deviner ses intentions à distance. Mais elle l'attendait déjà, lui faisait signe de la main à travers la vitre. Pris par surprise, Auguste hésita. Il ne se souvenait pas du nom d'emprunt qu'il lui avait donné, ni même s'il lui en avait donné un. Toujours aux aguets, le même serveur ricanait : c'était vraiment un pigeon, ce type.

Karine buvait un Martini camouflé dans l'incontournable verre à thé, et elle le regardait avec ce même air distant que lorsqu'elle était venue lui proposer sa compagnie. Auguste lui tendit la main. Elle l'examina un instant puis bascula sa chaise en avant et lui donna un baiser sur la joue.

— Ça va mieux? demanda-t-elle tout en faisant signe au serveur.
— Disons que oui.

Sourire en avant, le serveur s'apprêtait à lancer une de ses répliques, mais quelque chose dans l'air lui conseilla la prudence.

— Qu'est-ce que tu bois, Auguste ? Ah oui, une bière pour lui et le même pour moi, lui chuchota-t-elle dans sa langue.
— Auguste ? répéta-t-il en réprimant une soudaine envie de cigarette.
— Jacques, Bernard, mais « Auguste », tu l'as dit en dernier. Je parie que c'est le bon.

Les consommations arrivaient sur la table. Auguste voulut régler tout de suite pour signifier qu'il ne s'embarquerait pas dans une nouvelle soirée, mais Karine lui arracha le ticket des mains et chassa le serveur d'un geste.

— Anxieux, mon chat ?
— Tu parles français.

Elle rit, sans pourtant émettre aucun son. On ne pouvait s'en apercevoir qu'au frémissement de ses lèvres et à ses pommettes rougissantes.

— J'ai fait mon apprentissage en France, avant de tomber sur ceux de l'immigration et d'atterrir ensuite dans ce lieu pourri. Mais tu ne te souviens donc plus de rien ?

Voilà, nous y sommes, se dit Auguste, gagnant du temps avec une gorgée de bière.

— Bon, cela arrive, enchaîna-t-elle. Je te l'avais pourtant dit et répété, mais toi, tu y as été sec, coup sur coup. Tu n'as pas idée de ce que peut boire un Russe. Un capitaine, en plus. A propos, tiens.

Karine lui tendit trois billets de 50 dollars froissés.

— Je suis peut-être pute, mais pas voleuse. On avait dit 250 mais toi, déjà complètement bourré, tu m'en as filé 400. Allez, vas-y, prends-les. Quand je veux de l'argent, je le demande.

Malgré la foule de clients qu'il avait à servir, le serveur gardait toujours un œil sur eux. Auguste empocha l'argent en rougissant.

— T'aurais pas une cigarette ?
— Encore ? Je t'ai déjà dit que je ne fume pas.
— Tu as raison, j'ai vraiment perdu la tête hier soir. Rien d'irréparable, j'espère.

— Ne t'inquiète pas. Le capitaine était trop bourré pour te prendre au sérieux et quant à sa nièce, elle ne capte rien au-delà d'une bite.

— C'était vraiment sa nièce ? Il la pelotait. Ça, je m'en souviens.

— C'était un jeu, Sainte Vierge ! Il est pédé comme un phoque. Encore un peu, il t'ouvrait la braguette et toi... (Elle changea de ton.) Tu te serais même fait enculer pour pouvoir partir d'ici. « Je te cacherais bien dans mon lit, mon chou, si mon second n'était pas aussi jaloux. » Et toi, tu lui as proposé de jeter son second par-dessus bord. Toujours rien ?

— Laisse tomber. Donc, d'après ce que je comprends, il n'y a pas moyen de s'embarquer ?

— Cela ne se fait plus. Pas dans un port aussi chaud en tout cas. Et puis les marins n'aiment pas les gars dans ton genre. Et moi non plus, conclut-elle en baissant les yeux.

Jamais Auguste n'avait eu pitié de lui-même comme en cet instant. Soudain, il se serait jeté par terre et laissé piétiner comme une crotte de chien. Il revoyait un par un tous ses amis, il imaginait leurs expressions étonnées, leur déception. On l'avait cru solide et il ne lui restait plus qu'un filet de voix.

— Dans mon genre?

— Oui, dans ton genre, merde! La « raison morale », tu me fais rigoler! A qui penses-tu pouvoir refiler cela? Il n'y a qu'un mot pour ton cas : une *balance*. Tu as dénoncé tes ex-collègues, des mafieux, des hauts dignitaires pourris, comme tu dis. Mais tu savais bien avant avec qui tu te mettais, pas vrai? Si au moins tu fermais ta gueule. Mais non, monsieur fuit la mafia et les flics parce qu'il se considère au-dessus des uns et des autres. Une toute petite balance, voilà ce que tu es, et un problème pour tous. Avec un certain charme, je le reconnais. Mais, Sainte Vierge, ne pourrais-tu pas la boucler? Et en plus... et pour finir, tu t'es jeté sur cette truie de nièce comme un porc.

Karine avait parlé d'un seul jet, sans élever la voix, mais son corps frémissait de colère. Le buste incliné vers la table, elle affichait d'un regard coupant son droit légitime aux reproches. Difficile de dire si elle avait peur ou si elle pensait vivre un sale rêve. Les événements de la nuit antérieure avaient dû la malmener.

Auguste était désorienté. Il voulait parler, ouvrait même les lèvres, sans qu'un mot n'en sorte. Il combattait deux sentiments adverses. D'un côté, le soulagement heureux de n'avoir pas dévoilé ses véritables problèmes. De l'autre, la frayeur. Même si les circonstances pouvaient en être la cause, il découvrait que son inconscient s'arrogeait à présent la toute nouvelle liberté de débiter des histoires à son insu. Ce récit fantasque et riche en détails, et dont Karine avait forcément omis une partie, était bel et bien le produit de son imagination. Pourtant, il l'apprenait de la bouche d'un autre. C'était cette étrange dissociation qui lui faisait peur, au point de ne pas pouvoir répondre à la question muette de Karine. Il avait le sentiment que son comportement n'était pas lié à un excès d'alcool, mais que quelque chose de machinal, de plus insaisissable et insidieux qu'une bouteille, s'était installé en lui. L'homme en cavale prenait le dessus sur Auguste, le chat perdu.

— J'ai dit tout cela ?

— Oui. Tu as des papiers au moins ? J'espère que t'as assez d'argent. Dans ta situation, la fuite coûte cher.

Il éluda la question. Bien que son inquiétude pour lui parût authentique, il avait commis assez d'imprudences pour ne pas se dévoiler davantage avec une inconnue sans ressources et qui n'était certainement pas en règle avec l'immigration.

— A ton avis, ce capitaine m'a-t-il écouté ?

— De la mythomanie, des délires pareils, il doit en entendre dans chaque port. Cela les amuse, surtout quand c'est bien dit. Tes larmes, il ne les a pas vues. La nièce non plus, elle était trop occupée à te montrer ses seins et à te faire du pied.

— On dirait que tu es jalouse.

Le visage de Karine se durcit.

— Moi ? N'oublie pas mes tarifs, mon petit chat.

Glaciale. Une vraie Slave, pensa Auguste.

— Merci de m'avoir ramené à l'hôtel.

— Je t'aurais bien laissé bercer ta bouteille sur le trottoir mais la nièce, le feu au cul, a insisté pour te raccompagner. Et tu as vomi dans sa voiture. Les mêmes ! cria-t-elle en se tournant vers le garçon pour cacher son dégoût.

— Pas pour moi, merci. Je vais rentrer.

— J'ai dit « Les mêmes ! », répéta-t-elle. Ce n'est pas une bière de plus qui va empirer ta situation. T'as trouvé un moyen pour partir d'ici ?

— Pas vraiment. Mais j'ai deux ou trois propositions. On verra bien.

— Oui, c'est cela. Les propositions, je les connais. Sais-tu combien de clandestins on balance à l'eau pour quatre sous, par ici ? J'ai un tuyau pour toi, la solution à ton problème et non pas une vague possibilité.

— C'est-à-dire ?

— 250, c'est mon tarif. 750, le prix du contact. Plus les consommations. La baise serait comprise, mais je n'y tiens pas particulièrement, mon chat.

Le lendemain matin, Auguste montait pour la troisième fois au premier étage d'un immeuble délabré de la ville haute. La veille, il s'était couché tôt et avait dormi dix heures d'affilée. Un exploit, et après des semaines d'agitation constante, il en avait sacrément besoin. Il avait quitté l'hôtel bien avant l'ouverture des bureaux. Bercé par cette sensation oubliée de bien-être physique, il s'était dirigé à petits pas à l'adresse indiquée par Karine. Elle avait dit « une agence », « pas avant neuf heures », et il avait pris le temps de lire un journal en buvant un café, comme à Paris. C'était agréable de se sentir normal. A onze heures, alors que les antres des tatoueurs levaient leurs rideaux, l'agence restait fermée. Il monta, redescendit, changea de bar, luttant contre le doute et l'anxiété. Il avait toujours sur lui le numéro de

Karine. Il lui avait donné les 1 000 dollars, un rude coup pour ses économies.

Ne m'appelle jamais avant cinq heures, avait-elle dit, mais ce n'est pas pour cette raison qu'il ne téléphonerait pas. Il refusait l'idée que Karine ait pu l'escroquer, il ne l'aurait pas supporté, pas venant d'elle. Il frapperait à cette porte jusqu'à cinq heures.

La porte était toujours fermée. Il relut pour la troisième fois la plaque et vérifia ce que Karine avait écrit sur la serviette du restaurant : *Mojaouir, import-export, fret, dédouanage.* Elle avait souligné le nom de « Kathia » et ajouté un mot dans sa langue. Auguste frappa.

— C'est ouvert.

L'ambiance était plus proche de celle d'un entrepôt que d'une agence de voyages. Il avança de quelques pas et s'arrêta au milieu d'une grande pièce encombrée de piles d'archives et de cartons. Un ventilateur à pelles tournait à toute allure, envoyant en l'air tout ce qu'il pouvait.

— Mais approchez donc.

Une femme, cigarette au bec, le regardait par-dessus ses lunettes. Son bureau était une large planche de bois noir soutenue par deux tréteaux. Il n'y avait pas de chaises pour les visiteurs, mais elle en chercha quand même une des yeux, avant de rattraper au vol un de ses papiers pour le coincer sous le poids d'une tasse.

— Madame Kathia?
— En chair et en os.

Auguste lui donna à lire le mot de Karine. Elle jeta un coup d'œil rapide à la serviette en papier et leva un regard amusé sur lui.

— Sacrée Karine. Je me demande comment elle fait pour toujours se retrouver dans des embrouilles pareilles.
— C'est juste pour un passage.

La femme manqua éclater de rire.

— Un passage, vous dites! De A... à S... en ligne directe! Vous avez peut-être de quoi affréter un charter?

Elle sortit une cigarette et tassa le tabac en la tapant sur sa table.

— Ecoutez, il n'y a aucune chance de trouver un vol pareil et, d'après ce que je comprends, on ne peut pas tenter n'importe quelle escale. Oubliez cela et pensons à autre chose. Passeport ?

Auguste hésita. Le glissant vers elle, ses yeux imploraient pitié.

— Hongrois ?
— Plus ou moins.
— Comment cela, « plus ou moins » ?
— C'est-à-dire, bégaya Auguste, que je suis né là-bas, mais j'ai toujours vécu ailleurs.
— Certainement, laissons tomber. Il a l'air acceptable. Mais je me demande bien pourquoi vous êtes venu vous coincer ici. Vous auriez pu passer beaucoup plus discrètement en vous rendant dans une quelconque capitale européenne, ou bien plus au Nord, et puis, de là, prendre un vol de ligne.

Il y avait en elle quelque chose de Karine, non pas physiquement, car l'écart d'âge était notable, mais dans cette même façon de dire les choses avec un air de reproche. C'était sans doute cet accent qui durcissait leurs voix jusqu'à les rendre semblables.

— Laissons tomber cela aussi, répondit-il en essayant le même ton.

Autre cigarette, qu'elle tassa si longtemps qu'elle finit par la casser en deux.

— Il y a une seule possibilité. J'ai bien dit « possibilité ». Un vol hebdomadaire qui fait une brève escale ici, où il fait le plein de cette saloperie de qat et de, disons, danseuses arabes, avant de s'envoler pour H...

— H... ?

— C'est le nom de l'aéroport des M... Un bateau fait la navette pour la capitale, c'est à côté.

Une autre île encore, plus loin, plus petite, de plus en plus perdue. Auguste secoua la tête, il ne lui restait plus de forces pour recommencer la quête sur une autre île. Non, c'était assez, il aurait plutôt risqué une escale en Europe. Ça passe ou ça casse. Continuant à balancer la tête dans un mouvement qui devenait rythmique, il récupéra son passeport. La femme le laissa faire, il voyait de la compassion dans ses yeux, et cela l'accablait encore plus.

— Ça fait longtemps que vous trimbalez cette tronche d'un pays à l'autre ?

Auguste n'avait pas écouté. Il voulait juste réintégrer sa chambre et dormir un jour ou deux.

— Bon, si ça fait longtemps, reprit-elle, vous pourrez bien patienter une minute de plus. Ne serait-ce que par politesse. Je n'ai pas conclu.

Auguste s'excusa, mais sa tête était déjà ailleurs.

— D'après ce que j'ai pu comprendre, vous n'avez pas de préférence sur le pays d'arrivée, et d'ailleurs vous n'avez pas le choix. Il existe un autre vol hebdomadaire qui relie M... à S... Je ne sais pas quelle est votre destination finale ni ne veux le savoir mais, à partir de là, vous pouvez plus facilement passer les frontières et continuer jusqu'en Sibérie par voie de terre, si votre but est d'aller vous geler les couilles. C'est la même histoire : il s'agit d'une compagnie douteuse qui fait le plein de trafiquants philippins qui font le tour du monde pour débarquer avec leur farine chinoise là où les bonnes gens en raffolent. Puis ils reviennent chargés de colombienne et de fausses Rolex qu'ils refourguent aux touristes des îles. Ne faites pas cette tête, ce sont des routes improbables, peu contrôlées, voilà pourquoi il n'y a qu'un seul vol par semaine. L'ennui, c'est que vous partez d'ici un jeudi et, pour l'autre vol, il faudra attendre à M... jusqu'au mercredi suivant.

— Six jours, murmura Auguste.

— Et alors? J'aimerais savoir ce que font les gens de tout le temps qu'ils gagnent? Une semaine de plage vous fera du bien, vous êtes d'une pâleur épouvantable.

Il replaça aussitôt son passeport sur le bureau. Son cœur battait fort. L'instant d'avant, il était perdu, et maintenant, il aurait embrassé cette femme sur la bouche, si ses dents n'avaient été une barrière de goudron. Gagné par l'émotion, il n'arrivait pas à finir une phrase, démarrait une question, se répondait tout seul et passait à autre chose. Soudain, tout le monde était de son côté, les amis en France, le curé, Karine et ses reproches, il les aimait tous et tous ensemble ils auraient fait une grande fête dans son nouveau pays d'exil.

Bouche bée, Kathia soulevait sa tasse en laissant ses feuilles s'envoler. Elle participait à la joie de cet homme, regardait l'espoir renaître dans ses yeux verts d'enfant, c'était sa création à elle.

Auguste demanda une cigarette, elle fit claquer

son briquet. Dans le tournis de la première bouffée, il sourit à sa maladresse, à la sueur des échecs jusque-là essuyés.

— Ils sont nuls, lâcha-t-il dans son soulagement. J'ai fait des dizaines d'agences et personne n'a su me donner un renseignement utile. Que des incompétents.

— Pas si vite. Que la plupart des agents ne sachent pas même passer un coup de fil, c'est vrai. Mais, dans ce cas précis, ils auraient eu du mal à vous aider. J'avais dit une « possibilité », n'oublions pas.

Auguste écrasa sa cigarette avec force en faisant déborder le cendrier. Kathia regarda la cendre s'envoler avec une moue puis tira à elle une calculette.

— Je vais vous dire où la chose se complique. Ce vol provenant d'Afrique repart d'ici toujours complet. Ne vous faites pas d'illusions : dans ce pays-ci, même avec ses lois prohibitives et ses prophètes qui gueulent à tous les coins de rue, c'est un souk à vices. Les M... qui viennent se refournir ici font la navette avec un billet aller-retour et repartent chez eux chargés comme des mules. Il est pratiquement impossible de trouver une place, même si vous vous y prenez très à l'avance. Cet allongement de vol a été conçu dans le seul but d'entretenir ce marché. S'il y a un retour d'annulé, un passager mort d'overdose ou tombé amoureux d'une pute, il y a une foule de compatriotes pour se disputer sa place. Vous suivez ?

Auguste suivait, l'angoisse aussi.

— Et alors ?
— Alors il faut trouver un de ces braves marchands qui accepterait de céder sa place en échange d'assez de fric pour s'envoyer en l'air avec un maximum de danseuses jusqu'au prochain vol.
— Combien ?
— 1 000 dollars, ça devrait aller. Le sida, c'est pour ses frais.
— D'accord.
— Bon. Maintenant, passons aux billets. Il faut toujours des allers-retours, cela rassure la police des frontières. Sans compter la réservation d'hôtel. Il y a eu un tsunami la semaine dernière qui a dévasté pas mal de sites dans le coin. Mieux vaut se garantir un logement. Donc, vous avez, A...-M... M...-S.... Dans votre situation, je conseille la classe affaires. C'est plus cher, mais

vous y gagnez en discrétion. Mais faites-moi disparaître ces bermudas, s'il vous plaît.

— Combien ?

Normalement, à ce point de la vente, les autres agents passaient une bonne demi-heure en coups de fil, consultation de listes et d'ordinateurs. Kathia donna un coup à sa calculette pour la mettre en route et tapota rapidement ses chiffres.

— Voilà, moins que je ne pensais. Les deux passages aller-retour, en affaires, précisa-t-elle en levant l'index, font un total de 2 224 dollars. Plus les 1 000 pour le futur sidéen et l'hôtel avec pension complète, égale 3 724 dollars. Départ demain matin à dix heures. Prenez tout votre temps pour réfléchir, j'en profite pour boire un café.

Elle fit pivoter sa chaise et remplit sa tasse à une Thermos qu'elle gardait à ses côtés.

— Alors, le Hongrois, on hésite ?

— Non, je prends. Attendez-moi, je serai de retour dans moins d'une heure.

— C'est trop, je dois faire vite si vous voulez partir demain. Laissez-moi un acompte.

Auguste vida ses poches et fila à hôtel.

Le lendemain, il se pointait au guichet de l'aéroport. A neuf heures du matin, le lieu était désert. Dans des habits un peu extravagants et conformes, à son idée, à la « classe affaires », Auguste attirait les regards réprobateurs des employés qui le prenaient de toute évidence pour un pédé allant se payer de jeunes mâles aux îles. Il en était conscient et en avait même rajouté. C'est la première impression qui compte lorsqu'on s'approche d'un poste frontière. Une fois provoquée la réaction voulue, les agents du contrôle des passeports ne vont pas chercher plus loin.

Ayant vécu une bonne partie de sa vie aux marges de la loi, Auguste prétendait connaître la psychologie du policier type, surtout dans les pays de réputation machiste. Selon lui, la plupart d'entre eux étaient des homosexuels refoulés, ceci expliquant leur amour pour la matraque et l'ordinaire homophobie régnant dans les commissariats. Suivant ce raisonnement, aux yeux d'un agent, un homme à l'apparence efféminée était donc une ordure, de la pire espèce sans doute, mais sûrement pas un terroriste, il n'avait pas les couilles pour cela.

Il n'aurait pas mis sa main au feu pour défendre cette théorie mais c'était à peu près ainsi qu'Auguste préférait voir les choses. Cela le rassurait. Il passa le contrôle comme une lettre à la poste.

L'hôtesse de l'air qui l'accueillit à bord lui rendit son billet avec un sourire d'excuse. Pour la classe affaires, la Compagnie n'était pas encore prête, au retour sans doute. D'ici là, il pouvait écrire et serait remboursé de la différence dans les plus brefs délais. Anxieux de rejoindre son siège, Auguste l'écouta à peine. Il s'engouffra dans le couloir bondé, enjamba sacs et cartons et trouva sa place occupée par deux petites têtes chocolatées qui émergeaient d'un tas de paquets. Auguste vérifia son numéro sur sa carte d'embarquement et le montra à la dame, qu'il supposait être la mère des deux enfants. Sans lui accorder un regard, la femme gueula quelque chose dans sa langue et tout le monde autour éclata de rire. Attirer l'attention était la dernière des choses que souhaitait Auguste. Cet imprévu n'allait pas passer inaperçu des Italiens et des Allemands qu'il avait déjà repérés aux premières places. Cinq ou six heures de vol, il les aurait faites assis sur un des cartons et qu'on n'en parle plus. Mais c'était un avion et non pas un bus. Même si celui-là avait tout l'air d'un bus, il fallait bien que chacun soit attaché. Pour l'instant, l'incident était circonscrit à ce groupe bruyant, mais l'heure du départ approchait et la femme rigolait toujours. Il ne restait plus qu'une chose à faire.

Auguste caressa la tête des enfants puis, avec des gestes mesurés et un sourire indulgent, il commença à les délivrer de leurs paquets en les logeant dans chaque trou libre. La femme avait d'abord tenté une réaction, puis l'avait laissé faire, prenant l'air amusé, comme tous autour. Enfin, il souleva le plus petit des deux et le posa sur les jambes de sa mère, prit l'autre sur ses genoux. Et ainsi Auguste quitta le prétendu pays de « l'axe du mal ».

5

Le talisman

Il avait eu droit à un énième mauvais moment à l'arrivée. Il se trompa d'abord de file, se mêlant à celle des passagers nationaux. Juste avant le guichet, il comprit que le gandin au teint trop blanc qui faisait rigoler tout le monde, c'était lui. Pour se faire remarquer, il n'aurait pu faire pire. Nouveau spasme devant l'expression hostile du douanier. Le regard qu'il posa sur Auguste n'était pas plus indulgent qu'une semelle qui tombe sur un cafard. Il prit son passeport du bout des doigts comme si, au lieu d'un papier à tamponner, il avait un pénis à examiner. Mais le dégoût le cédait à l'appétence et l'agent ne cessait plus de tripoter la chose. Négligeant l'impatience de ses collègues, il le vérifiait sous toutes les coutures, y prenant son plaisir, jusqu'à ce qu'Auguste se décide à lui cracher un billet de 100 dollars.

Anxieux de retrouver son hôtel, Auguste récupéra son sac et quitta rapidement l'aéroport, direction embarquement. Kathia, d'un sourire entendu, lui avait conseillé d'éviter la capitale, s'il ne tenait pas à griller au soleil en compagnie d'une belle Hongroise. Elle avait choisi pour lui une île au nom imprononçable mais qui voulait à peu près dire « Banc de sable ». Cela lui avait plu. Banc de sable égale moins de touristes et donc peu de chance pour de mauvaises rencontres. Six jours en lézard, il n'en demandait pas plus.

Une petite heure de navigation, lui avait-on annoncé à bord. Un timonier et un adolescent à la tignasse décolorée par le soleil formaient l'équipage. Il ne fallait pas plus pour gouverner une petite embarcation sur cette mer plate et transparente. Seul passager, Auguste s'était allongé sur un banc et regardait le ciel à travers le noir de ses lunettes.

— Connaissez-vous quelqu'un là-bas ?

Le timonier, un homme fort dont l'expression disparaissait sous les rides, le dévisageait, tenant la barre entre ses jambes. Auguste souleva ses lunettes.

— Non, personne.
— Aimez-vous les lézards ?
— Ils ne me dérangent pas.
— Tant mieux pour vous.

Et il recommença à scruter sa mer.

Les lézards, quelle drôle d'idée. A l'abri de ses lunettes, Auguste se laissa peu à peu envahir par un silence abyssal. A cette époque, il n'était pas encore certain que le ciel était vide, mais il ne s'agissait pas là seulement de ciel. La terre, elle, lui appartenait toujours.

Avant même de sauter sur la passerelle, Auguste comprit le nom de l'île. Que du sable blanc à perte de vue. Sur le bord d'un chemin, la seule piste qui s'éloignait de la mer, un gros lézard à la tête pointue somnolait à côté d'un arbuste. Çà et là, des débris de tôle et des branches de palmier à moitié ensevelis sous le sable résistaient aux rafales du vent. Personne. Auguste laissa tomber son sac au sol et regagna le bateau en courant.

Bras croisés sur le pont, le timonier examinait son jeune second en train de défaire les amarres.

— Excusez-moi, chef. L'hôtel Castlie's, c'est loin d'ici ?

Les deux hommes échangèrent un regard.

— Non, juste derrière cette bosse. Il n'y a pas longtemps, vous auriez pu le voir d'ici.
— La dune a grandi ?
— Non, c'est l'hôtel qui a baissé, jusqu'au sous-sol.
— Le sous-sol.
— La piscine n'a pas bougé d'un centimètre, tout le reste s'est envolé avec le tsunami. Vous ne lisez pas les journaux, vous ?

Auguste n'en revenait pas. Tout cela ressemblait trop à une blague pour être vrai.

— Mais, bon sang, il doit bien y en avoir un autre, sur cette foutue île.
— C'était le seul. Et toi, s'impatienta-t-il, dépêche-toi avec ces cordes au lieu de rester là bouche bée.
— Mais merde, pourquoi ne m'avez-vous rien dit ?
— Je croyais que vous aimiez les lézards.

Le timonier ne prit même pas la peine de se retourner. Auguste jeta un dernier coup d'œil à l'étendue de sable, puis aux amas de cordes qui retombaient sur le pont. On casserait la gueule à un homme pour moins que ça, Auguste ne contenait plus sa rage.

— Amenez-moi à la capitale, s'il vous plaît, j'ai de quoi vous payer.

— Pas question. J'ai un chargement à embarquer sur une autre île et ce n'est pas du tout la route.

— Mais vous n'allez pas me laisser ici, merde!

Le timonier semblait bien décidé à le faire quand, poussant sur la manette de l'accélérateur, il lui cria de récupérer son sac et de sauter à bord, il n'avait pas de temps à perdre.

La deuxième traversée s'annonçait beaucoup plus longue que la première. Il y avait une carte nautique lacérée collée à la cabine. Devinant la curiosité d'Auguste, le jeune pointa son doigt sur une petite île très à l'écart du regroupement de l'archipel. Auguste s'allongea à même le sol. La tête appuyée sur son sac, il aurait voulu y entrer et pourrir avec ses habits sales. Le bateau se balançait tout doucement sur l'eau calme. Sur le point de piquer un somme, il ouvrit les yeux sur le ciel strié d'orange. Dans son désespoir plus accru, il ressentit une sensation fugace, qui ressemblait à un sentiment de réalisation. Était-il unique, au moins dans son état ?

Le chef l'observait d'un œil inquiet.

— Si vous devez vomir, faites-le par-dessus bord.

Auguste se leva sans répondre et sourit. Un sourire bref qui n'apaiserait pas son esprit mais qui allait bouleverser l'expression embroussaillée du timonier. D'un mouvement sec, il ordonna au jeune de le remplacer à la barre et s'approcha d'Auguste. Pendant un moment, il ne parla pas, regarda le sac à dos, secoua la tête. Quand il leva les yeux pour fixer la mer, son visage était moins ridé.

— Qu'est-ce que vous venez faire dans ces coins perdus ? demanda-t-il, avant de s'excuser d'un geste pour reprendre sur un autre ton. Les touristes vont plus au nord. Il n'y a rien par ici.

— Je me suis trompé. Mon anglais est mauvais.

— Votre jeu aussi.

Il savait rire, le timonier.

— Pouvez-vous me ramener à la capitale, une fois chargée votre marchandise ?

— Vous plaisantez. J'ai ma tournée à faire, et je n'amarre dans ce bordel que dans une quinzaine de jours. (Il regarda sa montre.) Dans trois heures environ, je vous débarque.

Jusqu'ici, Auguste n'aurait pas osé poser un doigt sur cet homme tant il se montrait hargneux. Mais dans l'angoisse de rater son prochain avion, il lui attrapa l'épaule, l'obligeant à le regarder en face.

— Je doit absolument y être avant. Combien voulez-vous pour le détour ? 500, 1 000 ?

L'homme se libéra énergiquement de l'étreinte et recula d'un pas. Ses yeux n'étaient plus que deux fissures noires sur la surface accidentée d'une pierre de mer. La voix implorante, Auguste s'excusa.

— Gardez votre argent, mister, concéda le timonier au bout d'un moment. Là où nous allons, vous pourrez plus facilement vous déplacer à votre guise.

— Mais tout à l'heure, vous disiez que...

— C'est bien cela. La plupart de ces îles sont inhabitées, mais l'île d'O... c'est l'exception. Il n'y a pas quinze ans, ce n'était qu'un banc de sable comme les autres pour une poignée de pêcheurs. Aujourd'hui, vous avez des hôtels cinq étoiles, des catamarans et même des petits avions privés.

Le timonier avait dit cela avec un tel air de dégoût qu'Auguste dissimula son soulagement.

— Qu'est-il arrivé, à O... ?
— Vous. C'est quoi, votre pays ?
— La Hongrie.
— Bon en tout cas, ça ne doit pas être très loin de l'Europe. Venez à la barre si vous voulez en savoir plus. Nous approchons d'un bas-fond rocheux et ce garçon tire sur le pétard comme un damné.

Le timonier s'appelait Jayoom et son âge justifiait largement la profondeur de ses rides. Il n'aimait pas les étrangers, ceux qui faisaient du bruit et consommaient des « trucs merdeux ». Selon lui, c'est l'arrivée massive d'une tribu éthiopienne qui avait sonné le début de la fin de l'île d'O... Des réfugiés qui avaient dû quitter le pays à cause d'il ne savait quelle guerre avec un pays voisin. Mais ils ne perturbaient pas trop les coutumes locales. Ils habitaient des cabanes comme tout le monde, mangeaient du poisson et ne portaient pas de casques à musique collés sur les oreilles. L'empoisonnement commença quelque temps après. Des Blancs et même des mulâtres parlant la même langue que les Blancs débarquèrent sur l'île et, en un rien de temps, la transformèrent en un de ces villages touristiques qu'on voit aujourd'hui à la télé. Les anciens pêcheurs se muèrent alors en serveurs de bars, en vendeurs de quincaillerie et, dans le pire des cas, en larves humaines mendiant une pièce pour consommer des drogues qu'on n'avait jamais connues avant par ici.

Jayoom avait eu une femme sur O... Jadis, il amarrait son bateau et courait directement chez elle. Pendant trois jours et trois nuits, ils faisaient l'amour, avec juste quelques pauses pour reprendre des forces avec du bon poisson grillé. Elle travaillait maintenant à l'agence de tourisme et ne parlait plus que la langue de ces étrangers. Jayoom détestait O... et, depuis, il ne se posait plus de questions sur le contenu réel de ses chargements.

La présence de tous ces étrangers qu'avait décrits Jayoom ruinait l'optimisme retrouvé d'Auguste. Bien qu'à présent, à l'autre bout du monde, il parcourût le quai avec l'appréhension de ses premiers jours de fuite. Il avait dit au timonier qu'il cherchait tranquillité et exotisme, et l'homme lui avait donné le nom d'un hôtel bon marché situé à l'écart de la « horde des envahisseurs ». L'île d'O... était bien plus étendue que la précédente. Vingt kilomètres environ séparaient le port de la ville. Auguste sauta dans un taxi, qui tenait avec du fil de fer et roulait à toute allure sur une piste qu'il fallait deviner sous une fine couche de sable. Pas un virage, pas un carrefour, trafic nul. S'il n'y avait eu les brèches à éviter, on aurait pu conduire jusqu'au bout les yeux fermés. Au long du chemin, Auguste portait son regard au loin, cherchant une trace de ce paradis terrestre qui avait attiré autant de gens.

Le chauffeur n'avait pas encore prononcé un mot. De temps en temps, il lançait un œil sombre à son passager à travers un morceau de miroir arrangé en rétroviseur. On aurait dit qu'il était obligé d'exécuter son travail sous la menace d'une arme. Ne serait-ce que pour vérifier s'il était muet, Auguste lui demanda le prix de la course. Trois fois le tarif réservé aux touristes. Bien qu'intimidé par sa situation très peu régulière, Auguste lui fit remarquer qu'avec de tels prix, les gens d'ici ne devaient pas se déplacer souvent. Ils ne se déplacent point, répondit sèchement le chauffeur. Son regard était maintenant franchement haineux. Auguste s'excusa machinalement, pour le cas où il aurait forcé à parler un homme ayant fait vœu de silence à un saint. Par ailleurs, il avait déjà une bonne expérience de la hargne rémunérée des autochtones vis-à-vis de ces touristes occidentaux qui peuvent tout se permettre avec leur sale argent.

Autrefois, lorsque Auguste avait vécu au Mexique, assez longtemps pour apprendre à imiter un cactus, il avait fini par partager tout naturellement ce genre de sentiments. Depuis, bien des choses avaient changé, la romantique intégrité des peuples semblait cotée en Bourse comme une valeur touristique, une assurance d'authenticité, et Auguste avait appris qu'on ne peut rien pour les hommes, leur bien-être ne dépend que d'eux-mêmes. Cela ne l'empêchait pas de scruter l'âme du chauffeur et de chercher à voir derrière les apparences.

La piste déboucha dans une rue pavée entre deux rangées de maisons, dont la plupart ressemblaient plus à des chantiers en cours qu'à des habitations. Derrière ces murs improvisés, à l'abri du soleil brûlant, des gens vaquaient à leurs besognes, basiques sans doute mais assurément riches en senteurs. Bien décidé à rejoindre l'autre bout de l'avenue, l'imperturbable chauffeur maintenait sa vitesse, laissant à son klaxon le soin de lui débarrasser la rue des chiens et des enfants. A la sortie de la ville, Auguste se demandait où étaient ces riches hôtels entourés de palmiers qui révoltaient tant Jayoom. De toute façon, il avait renoncé à ces beautés aux prix mirobolants, en raison surtout de leurs noms vaguement italiens. Il était peu probable, tout de même, que des Italiens aillent construire des hôtels dans ce lieu si éloigné de la Botte. Le climat n'était pas formidable pour y stocker les spaghetti mais, depuis quelque temps, Auguste avait du mal à faire la différence entre prudence et paranoïa.

Finalement, au milieu d'un paysage bourrelé de bosses de sable jonchées de détritus, le taxi s'arrêta devant une construction jaune, à l'air intact. L'enseigne portait le nom de son hôtel. Pour 80 dollars seulement, on lui promettait propreté, air conditionné et pieds dans l'eau. Eau de cette mer que, depuis celle douteuse du port, il n'avait toujours pas vue. Au moins avait-il évité de passer le restant de ses jours sur le banc de sable désert, et il en était si soulagé que tout le reste devenait secondaire.

Arrivé et logé. Auguste y croyait à peine. Depuis qu'il avait quitté la France, c'était la première fois qu'il ressentait la vive impression d'être vraiment ailleurs. Il était arrivé loin. Des milliers de kilomètres le séparaient désormais des journaux, des patrouilles avec sa photo collée sur la boîte à gants, et de tous ceux, hostiles sans l'avoir voulu, qui se levaient chaque matin juste pour recommencer à mourir. Des gens malheureux au fond, à qui Auguste n'arrivait pas à en vouloir. Pendant tous ces mois d'enfer à Paris, il n'avait cessé de les observer. Il les voyait le matin dans le métro. L'une se maquillant et l'autre la tête déjà enfouie dans le programme de la télévision. Il les rattrapait à midi, vingt minutes pour avaler le plat du jour, le regard vide. Puis le soir, rentrant chez eux. Ils étaient nerveux, la fatigue, l'angoisse, les enfants à coucher et, pour conclure cette histoire d'un jour, les émissions télévisées. Ombre parmi les ombres, Auguste se sentait touché. Avec une vie pareille, il n'était pas étonnant que, de temps en temps, ces malheureux se transforment en chasseurs et alors, qu'importe le gibier, il faut bien se défouler. Il les suivait partout, les gens, guettant un scintillement dans leurs yeux pour partager le même cri de ras-le-bol, qu'il attendait toujours. Il se sentait toujours de leur côté, même étant devenu leur gibier. Auguste était un rêveur, un problème bien difficile à soigner. Parfois, il avait eu une envie folle de leur crier : « C'est moi, c'est ma peau que vous voulez! Prenez-la, mais après, qu'est-ce que vous en ferez ? » Et qu'en auraient-ils fait, les gens ?

Très loin de ses rêves, Auguste posait son bagage. Il avait réussi. D'une main tremblante, il signa la fiche d'accueil. Il aurait embrassé le réceptionniste, son chien baveux et même cet Allemand qui était sur son vol et qu'il retrouvait ici. Ce moment était à lui. Même s'il appartenait aussi à tous les autres qui l'avaient voulu loin et sain et sauf, cette joie n'était qu'à lui, dure et lourde comme une pierre de Paris.

Une émotion d'un instant. Le temps de monter à l'étage, d'ouvrir la porte de sa chambre, de vider son sac et puis de prendre tout son temps pour ranger ses affaires dans une nouvelle armoire, toujours trop grande pour son maigre bagage.

La peur rétrospective du voyage le faisait encore se sentir en vie. Il s'accrochait au dernier frisson, s'imaginant touriste, homme d'affaires, chercheur, aventurier. Il acceptait n'importe quelle profession pour jouir de l'illusion encore quelques minutes. Avant que les épaules ne se relâchent et que ne restent que les morceaux de son cœur à recomposer. Lui tout seul, avec un lit et un nouveau plafond pour refléter les visages de tous ceux qui étaient restés là-bas et, tout doucement, les larmes qui coulent, mouillent l'oreiller.

Auguste le serrait fort dans ses bras et, petit à petit, le sommeil venait.

En fin d'après-midi, il descendit dans la salle de réception et se retrouva au milieu d'une farandole de jeunes filles. Toutes habillées pareil. Elles erraient d'un côté à l'autre, frôlaient les tables du restaurant de leurs fesses dessinées par un styliste. Probablement une équipe de mannequins pour un défilé de mode, se dit-il. Même s'il lui semblait un peu bizarre que le monde argenté de la mode ait choisi cet hôtel qui, bien que convenable, n'aurait pas mérité deux étoiles.

Un homme était assis au fond de la salle. Il observait comme lui le frénétique va-et-vient des jeunes filles. En apercevant Auguste, il lui adressa un regard de complicité, avant de réaliser qu'il s'agissait d'un nouveau client auquel il fallait trouver une place. Avec l'assurance du patron, il chassa deux paires de jolies fesses d'une table.

— Le bordel qu'elles foutent ! Mais elles sont belles, n'est-ce pas ? Il faut dire qu'elles sont de M... pur sang, et qu'ici, nous avons les plus belles femmes du monde. C'est notre équipe féminine de basket, elles se préparent pour le championnat national. Vous pourrez les voir en action tout à l'heure. Cette année, on va le gagner. Vous aimez le basket ?

— Beaucoup, répondit Auguste, le regard braqué sur les filles.

— Je vois, surtout les matchs de femmes. Mais attention, elles sont sous bonne surveillance.

Le patron avait démarré la conversation tout naturellement en italien. Auguste affichait un air un peu perdu et lui répondait en anglais.

— Une bière ?

— Bien froide, merci.

Les filles guettaient la sortie du patron pour recommencer leur petit jeu de séduction, avec une apparente méconnaissance de pudeur. Chez elles, le plus petit mouvement était une pose de charme, un tour de danse, un commentaire, un chant. On aurait dit des oiseaux au printemps lorsqu'ils se posent sur un pré en déployant tous leurs arguments incantatoires. Leurs regards étaient perçants, yeux noirs d'oiseaux. Elles étaient si jeunes et nombreuses qu'Auguste, seul devant sa bière, était intimidé comme un vieillard pris à partie dans le jeu cruel d'une bande de gamins. Elles voulaient l'heure, une bière, une cigarette. Tout prétexte était bon pour se faire remarquer par l'oiseau exotique qui pourrait les emmener ailleurs, où leur talent serait mieux apprécié. Une petite pièce pour le juke-box, venait lui demander une aile attaquante. Il donnait. Les seins bien appuyés contre son épaule, la fille le remerciait d'un baiser sur la joue et Auguste rougissait comme un adolescent. Elles se disputaient les chaises à sa table, voulaient encore une bière, pourquoi n'avait-il pas de cigarettes, c'était bizarre qu'un Européen se prive de ce plaisir alors qu'il pouvait s'en acheter des tonnes. Ce n'est pas bon pour le match, vous dites ? Rires. Nous, on s'en fout du match, cela ne vaut rien.

Soudain retentit un coup de sifflet. Un grand Jaune à la tête rasée avait fait irruption dans la salle. Jambes écartées et pectoraux en avant, il passait en revue tout son monde d'un air furieux. Les filles n'osaient plus respirer. A un deuxième coup de sifflet, elles allèrent se ranger sur deux files au fond de la salle. Le grand Jaune foudroya Auguste du regard, avant de se tourner vers son peloton et commencer à crier dans la langue locale. L'engueulade était sévère, un vrai sergent avec ses jeunes vauriens. Mais le mot « bâtard » qui revenait sans arrêt dans ses insultes était tout particulièrement lancé au profit de l'étranger. Sous les regards peinés des filles, Auguste tenait héroïquement son poste, question d'honneur. Il aurait résisté jusqu'au bout si le hurlement d'une sirène n'avait déclenché en lui la réaction instinctive de la fuite. C'était ainsi depuis des mois, il n'arrivait plus à différencier une ambulance d'une patrouille grillant un feu. La cavale avait miné ses nerfs. Au moindre signe d'alerte, il avait un haut-le-cœur.

Il n'y avait que l'obscurité pour le relaxer. C'était toujours à la tombée de la nuit qu'il se sentait le plus à l'aise pour affronter la rue. Cela ne le protégeait pas davantage, bien au contraire. Il s'exposait à des dangers plus grands car la nuit se peuple de chasseurs et de chassés. Son choix n'était pas rationnel, rien qu'une autre béquille psychologique qu'il habillait de réalisme avec une autre de ses théories fumeuses sur le fonctionnement du monde contemporain.

A son idée, tout comportement humain – dans la limite d'un contexte précis, concédait-il –, était déterminé par le rapport plus ou moins aliéné que l'homme entretenait avec le processus productif dominant. A partir de cette inconsciente autant que discutable interprétation du jeune Karl Marx, il associait tout simplement la lumière du jour au devoir imposé et l'obscurité de la nuit au repos et à l'indiscipline. Conclusion, l'âme flicarde qui habitait désormais tout être humain fléchissait à la sortie du boulot. Il poussait sa théorie jusqu'au bout, sans exception pour les périodes de loisir : pendant le jour, le touriste occidental restait branché à la machine, au point même que l'acte de bronzer servait le processus productif dominant. Il demeurait attentif, plus encore en vacances qu'en temps de travail, car il devait apaiser la sensation de culpabilité issue de son inactivité. La nuit, la vigilance du touriste s'atténuait. Avec de telles simplifications, Auguste avait eu beaucoup de chance d'arriver aussi loin. Mais ce n'était certainement pas dans le constant état d'urgence dans lequel il vivait qu'on aurait pu lui expliquer le contraire.

Le soleil était encore haut et Auguste hésitait devant la porte de sa chambre. Il n'avait pas le courage d'aller s'y enfermer en attendant le soir. Jusqu'ici, il ne s'était jamais aventuré dehors pendant le jour sans de sérieuses raisons, quand il lui fallait assurer la suite de son voyage. A présent, avec son prochain billet déjà en poche, il était tenté de se dire que cette règle n'était plus de mise. Il était loin de Paris, de la France, des pays sous surveillance. Loin du zèle du citoyen de l'ordre occidental. Il était arrivé dans un autre monde, et le surprenant comportement des filles en était bien la preuve. Aucune comparaison entre la puissance de leur candeur et la morne tenue de la jeunesse occidentale. Enfin, Auguste voulait voir la mer et elle était juste à côté. Il lui suffisait de traverser la rue et de contourner les blocs de béton empilés, sur lesquels pendait parfois l'enseigne d'un improbable bar ou d'une boutique.

Suivi par un chien, toutes côtes dehors et oreilles ensanglantées, il prit dans cette direction. Derrière le béton et les tas de poubelles, soudain la plage. La blancheur du sable fin blessa ses yeux. Auguste ne bougeait plus d'un pas. Il regardait ébahi l'eau turquoise, sans un pli à sa surface. Le contraste entre la désolation du paysage dans son dos et cette beauté subite était impressionnant, un trop-plein de sensations à lui tout seul. Les baigneurs formaient des taches brûlant au soleil, s'intégrant au décor. Les gens, les vrais, les personnes qu'il aimait n'étaient pas là pour partager avec lui cette carte postale dans laquelle on pouvait sauter et courir nu en criant sa joie. Il n'y avait que lui, tout seul, face à ce bleu clair compact, comme ses souvenirs qui remontaient peu à peu en lui coupant le souffle.

Images qui venaient de loin. Lieux oubliés au cours d'autres évasions, les Caraïbes peut-être, non, plutôt le golfe de Cortes, en Basse-Californie. C'étaient les années 80. Une époque où il croyait encore au légitime devoir de vivre au mieux la vie en toute circonstance, parce que l'exil était une épreuve pour les gens de bien. Les fuyards encanaillés, les mafiosi et les rois bananiers, c'étaient les autres. Mais eux ont toujours eu des plages privées. De préférence sur la Côte d'Azur, et il doutait que leurs chiens aient des tiques comme celui qui ne le quittait pas d'une semelle. Tandis que lui, vingt-cinq ans plus tard, après avoir longtemps cru que le monde avait compris les raisons morales des révoltés des années 70, il était incapable de faire un pas de plus et de laisser sa trace sur ce sable blanc.

Immobile, Auguste regardait la mer et cherchait à comprendre. Il ne se sentait pas le droit de profiter d'une beauté pareille alors que son esprit était encore blessé, sali par l'impitoyable campagne de presse qu'il avait essuyée en France, un véritable lynchage. Ainsi avaient procédé les faiseurs de vérités, comme il les nommait, agréés par les gouvernements de France et d'Italie. En quelques mois d'acharnement, ces « mercenaires de l'intox » avaient réussi à faire d'Auguste un monstre sanguinaire, un cancer à extirper pour garantir le bon salut de l'Union européenne.

Après plus d'un quart de siècle d'exil politique offert aux rescapés italiens des « années de plomb », la France de Jacques Chirac avait trahi sa parole d'Etat pour quelques services rendus entre grands traîneurs de casseroles.

Tant de lâcheté avait trop facilement poussé Auguste à dépoussiérer ses notions d'histoire, dans l'illusion de dénicher une autre de ses théories, capable de lui expliquer autrement tout ce qu'il refusait de voir. Dans son repaire, il démêlait ainsi le fil des trahisons consommées par les gouvernants français au cours des siècles. De François Ier à Pétain, il avait dévalisé la bibliothèque du bled. Mais tout cela, il le savait, n'était que du tripotage pour entretenir ses longues journées d'hiver. Alors qu'il jouissait de la solidarité de milliers de personnes nées et éduquées dans la tradition du pays des droits de l'homme. Des Français, tout comme l'étaient ses propres enfants.

Auguste était comme cela, il lui fallait toujours une bonne raison d'adulte pour justifier ses sentiments d'enfant. Ensuite, il aurait admis qu'en réalité, être tout seul avec cette mer pure et transparente, c'était comme avoir un diamant au doigt et devoir garder la main dans la poche. Il fit demi-tour, le chien aussi.

Après quelques vrombissements irréguliers, l'appareil à air conditionné poussa son dernier soupir, et Auguste lâcha son bouquin. Inutile de marquer la page, c'était la même depuis des jours. Il tira à lui le téléphone pour aviser la direction et raccrocha aussitôt. A travers sa fenêtre, qui donnait sur les derniers pavés de l'avenue, il venait de voir une femme noire qui traînait une bonbonne de gaz et un bébé, défiant la canicule d'un pas léger et vif. Allongé sur le lit, le téléphone sur sa poitrine, Auguste la regardait avancer. Son dos droit et son déhanchement doux donnaient à son port une grâce telle qu'elle aurait fait crever d'envie un de ces modèles qui gagnent des millions sur une passerelle de l'Hilton. Quand la femme disparut de sa vue, il entendit la voix impatiente du réceptionniste à travers le récepteur mal raccroché. Il bafouilla des excuses, puis alla débrancher la prise de l'appareil défectueux. Avec la climatisation, il se réveillait toujours enrhumé. Tant pis pour la chaleur, il s'y ferait.

Depuis son départ, les seuls moments qui lui semblaient vraiment indispensables à la vie étaient les repas et les heures de sommeil. Actes inévitables auxquels personne ne pouvait trouver quoi que ce soit à redire. A l'heure du dîner, il regagna la salle du rez-de-chaussée. Le patron y était attablé avec cinq femmes d'âges différents. Il en déduisit tout bêtement qu'il s'agissait là de son épouse et de leurs quatre filles. Il adopta donc un comportement de circonstance, s'adressant à la plus âgée pour les questions sérieuses, n'accordant aux autres qu'une attention plus désinvolte, sans se douter des jalousies qu'il suscitait. Heureusement pour lui, Auguste n'était pas versé dans l'art de la drague. Il aurait regretté ses avances en découvrant que les vrais enfants du patron ne dépassaient pas dix ans d'âge et ne mangeaient pas à la table de leurs six parents.

L'homme reposa dans son assiette la cuisse de poulet qu'il était en train de broyer. Il était déjà au courant pour la panne de climatisation et fit preuve d'autorité en engueulant les femmes. Puis, s'excusant presque pour les éventuels espoirs qu'Auguste aurait pu nourrir, il l'informa discrètement que l'équipe des filles « seulement bonnes à montrer leur cul avaient perdu le match et étaient donc reparties dans leurs porcheries ».

Auguste écoutait gentiment mais, toujours sur ses gardes, il répondait de travers quand on lui posait une question directe. Le patron, un grand métis qui se vantait d'être le seul propriétaire d'hôtel originaire de « cette île vendue », continuait à lui parler en italien. Alors qu'Auguste l'avait déjà encouragé à s'exprimer en anglais et qu'il avait certainement remarqué son passeport hongrois, parmi ceux de ses trois seuls clients. Un peu dérouté par la mauvaise prononciation d'Auguste et surtout désireux de retourner à sa cuisse de poulet, il lui fourgua ses meilleurs sentiments dans les deux langues. Sur un signe imperceptible, une femme quitta la table et revint avec une bouteille de rouge australien, sans doute pour compenser le manque de filles et d'air conditionné.

Au matin, Auguste était à sa fenêtre, scrutant l'avenue pavée. Il n'y avait pas foule du côté de son hôtel, il était bien tombé. La zone touristique et ses quartiers s'étendaient le long de la baie, loin de l'autre côté de la ville. Il n'avait que quelques centaines de mètres à parcourir pour faire des courses et se procurer un plan de l'île. Tout cela était assez rassurant pour qu'il se décide à quitter sa chambre et passer ses premières épreuves en bermuda.

Le soulagement d'avoir enfin atteint un lieu paisible fit long feu. En une courte balade le long de l'avenue, il découvrit la raison du curieux succès de la langue italienne dans ce petit bout de monde à part.

Au premier « Ciao, come va? », il rabattit la visière de sa casquette, ignorant le jeune Black qui l'avait salué en italien. C'était une boutique de souvenirs, il était normal qu'ils essaient d'épater le touriste en lui lançant quelques mots dans la première langue venue. Mais pourquoi avait-il justement choisi de s'adresser à lui en italien? Auguste avait entendu dire maintes fois que « *les Italiens, on ne peut pas les rater* ». Il n'appréciait pas trop ce cliché très nord-européen, mais il concédait l'existence de certains signes distinctifs dans la gestuelle, parfois une tendance à la frime et, bien sûr, la dépendance génétique aux pâtes. Enfin, cela n'expliquait pas pourquoi, dans ce lieu si éloigné de la Botte, on l'interpellait tous les dix mètres dans sa langue. Il fallait tout de même être devin pour repérer un Italien dans ces bermudas à l'entrejambes baissé jusqu'aux genoux. « Bongiorno signore, venga a visitare... » Auguste faisait la sourde oreille et avançait en modifiant peu à peu sa démarche. Mais d'un côté à l'autre de l'avenue, le feu croisé parlait toujours la même langue. Quelques centaines de mètres à peine, et Auguste comprit avec un sentiment de désastre quel était ce lieu qu'il avait cru enfin sûr.

Les natifs d'O..., ainsi que la colonie éthiopienne, dédaignaient tout rattachement au continent. Ils n'étaient pas des Asiatiques! Ils acceptaient de s'exprimer en (...) quand cela leur convenait, mais ils tenaient à montrer que ce n'était pas leur langue en intercalant tout exprès des phrases dans un langage qui était, de toute évidence, un mélange de tous les pays qui avaient ratissé les lieux au long des siècles. Lieux qu'il ne fallait surtout pas confondre avec les M... Cette appartenance aux M... ils ne le supportaient pas. Leur île était une île à part, avec une culture qu'il fallait respecter. Une curieuse fierté qui perdait toute noblesse lorsqu'ils démarraient chaque phrase dans un bon italien. Auguste affichait alors une totale incompréhension pour qu'ils reprennent dans un mélange de (...) et d'anglais.

En vingt-cinq ans d'exil, il avait perdu l'habitude du son de sa langue maternelle parlée par le commun des mortels dans un contexte de vie ordinaire. A croire qu'il s'était trompé d'avion et qu'au lieu de débarquer aux M..., il avait échoué dans une île sicilienne sous la canicule d'été. Se retrouver par accident en Italie avait toujours été son cauchemar. Dans ses déplacements d'un salon littéraire à un autre, il évitait soigneusement les vols nationaux qui se rapprochaient trop de la frontière franco-italienne. Une inquiétude pas tout à fait infondée depuis qu'un avion où voyageait une réfugiée improvisa un atterrissage à Milan en raison d'un problème technique.

L'explication de cette étrange adoption de la

langue italienne dans un lieu aussi improbable résidait dans ces grands îlots verdoyants, là-bas, où les toits luisaient entre les arbres : « Les quartiers italiens, sissignore », lui expliqua l'agent du tourisme dans son accent romain. L'Italie était bien le moteur économique de l'île.

— Mais pourquoi des Italiens ? bégaya Auguste.

— Il y a beaucoup de familles mixtes en (...), c'était une ancienne colonie italienne. L'une appelle l'autre et, avec le temps, vous savez comment ça se passe.

Auguste rebroussa chemin mais désormais l'avenue n'était plus la même et lui non plus. Il était à nouveau perdu, un chat sans griffes surpris par la lumière du jour loin de son repaire. A présent qu'il savait où il était tombé, il voyait des Italiens partout. Les voix hautes et les gesticulations, c'étaient eux. Les crèmes, les bijoux, les tignasses oxygénées, les 4×4 à fond la caisse, c'étaient eux aussi. Ne manquaient que les fourrures et Bermafiosi lui-même dansant le liscio.

Il retenait ses jambes qui auraient voulu courir, mais vers où ? C'était une île. Rien qu'une autre île. Six jours à tenir dans cette enclave italienne où dans chaque bar et chaque hôtel circulait le

Corriere della sera avec leur photo préférée, celle d'Auguste en assassin grimaçant.

Un espoir cependant : les Italiens ne se précipiteraient pas dans son hôtel, le seul appartenant à un natif. Auguste prétendait connaître leurs modes, ils n'aimaient pas manger sans pâtes et sans compatriote pour partager la frime. Mais son comportement de reclus paraîtrait louche. On ne va pas dans un pareil paradis pour rester enfermé dans une chambre sans climatisation, près d'une petite piscine réduite à un cimetière pour toutes sortes de bestioles.

Dans cette chambre battue par un soleil cinglant, il passa les heures les plus sombres depuis son départ. Bien qu'il eût sciemment opté pour la fuite, même improvisée, il n'arrivait pas à accepter que tout cela le concerne vraiment. C'était sans doute un jeu, la mauvaise plaisanterie d'un juge ou d'un homme politique. Une erreur grossière et, sûrement, un jour ou l'autre, tout allait rentrer dans l'ordre, il irait chercher sa fille à la sortie de l'école. Il ne pouvait pas en être autrement. Une mauvaise passe, il retournerait bientôt dans sa chambre de bonne à Paris pour se battre avec son ordinateur qui refusait d'écrire tout seul ces pages qui lui résistaient une journée entière. Les yeux clos, il pensait à tout ce qu'il avait laissé là-bas. Cela ne pouvait pas être définitif. Pour en avoir déjà fait l'expérience, il savait que ces sentiments étaient un recours ultime pour continuer à respirer. Continuer à fuir, ne jamais arriver au dernier refuge, courir toujours derrière l'illusion que tout cela n'était que provisoire. A ce prix seulement, la fuite lui était supportable.

Allumer la télé n'était pas une bonne idée. A chaque tentative, il tombait sur une chaîne italienne, avec des poupées chargées de maquillage ou des gueules de politiciens et de chroniqueurs qui voulaient sa peau. Il trouvait leurs voix chantantes caricaturales, jamais en accord avec la réalité. Expressions usées de cette *little Italy* qui courait toujours derrière le vieux rêve américain. Il en faisait une phobie et il s'en voulait. C'était une exécrable facilité que de réduire à ce petit écran un pays tout entier. Et puis comment oublier qu'il avait été lui aussi un Italien ?

Si, au lieu de se ridiculiser avec son passeport hongrois, il avait confié ses vraies origines à madame Kathia, elle l'aurait certainement mis en garde contre le danger italien sur cette île. Mais existait-il une autre possibilité de quitter les lieux ? Et comment imaginer qu'il se retrouverait dans une pareille situation ? Quitter cette île pour une autre ? Pour se retrouver des heures durant sur un bateau chargé d'ex-compatriotes? Mieux valait courir le risque de rester ici jusqu'au jour du décollage. Rien que des conjectures, qui ne l'aideraient pas à tenir bon jusqu'au départ. Il n'avait pas eu de chance, c'est tout.

Chaleur et moustiques aidant, il avait passé la nuit à réfléchir. En combinant ses connaissances immédiates et ses analyses plus distanciées, élaborées lors de ses longues déambulations hors d'Italie, il avait affiné une série de données pour traiter le sujet selon ses spécificités socio-culturelles. Avant l'aube, il avait tracé le profil anthropologique de l'Italien moderne qui peut se payer des vacances exotiques à des prix européens. Convaincu de la solidité de sa toute nouvelle théorie, il mit au point un plan presque sûr pour éviter de demeurer retranché dans cet hôtel et d'éveiller les soupçons.

Tout d'abord, quitter son lit le plus tard possible, tout à fait normal pour un vacancier. De sorte, éviter l'heure du café et – ne jamais oublier l'exception à la règle – une éventuelle rencontre avec un Italien mal en point qui aurait choisi le même hôtel que lui. Puis, à l'heure où il estimait que tous, retardataires compris, étaient en train de griller sur la plage, jamais loin d'un établissement en odeur de café et, surtout, bien à l'abri des indigènes, prendre alors la direction contraire dans l'avenue pavée. S'enfoncer dans les terrains vagues seulement battus par des bandes de chiens errants et quelque ouvrier maçon déplaçant des charrettes de gravats. Parfois, marcher jusqu'au bout de l'île où les rochers coupants remplaçaient le sable fin, ce qui tenait les touristes à distance. Programmer son retour dans la zone à risques aux alentours de 13 heures. Les Italiens ne rigolent pas avec la bouffe. De 13 à 14 heures, ils seraient tous en train de s'empiffrer de pâtes aux fruits de mer. Le bon moment pour s'aventurer dans l'avenue et acheter de quoi tenir le siège jusqu'au lendemain. Il y aurait aussi la promenade du soir, naturellement choisie à l'heure du dîner. Après 21 heures, il faudrait vraiment une foutue malchance pour rencontrer un bourgeois italien en vacances hors d'un restaurant.

Auguste appliqua son programme à la lettre mais, même ainsi, il n'osait pas aller trop loin. Au retour, il passait inévitablement devant le minuscule magasin d'artisanat du Black. Le jeune Ethiopien passait la journée assis devant son étal à l'abri d'une languette d'ombre et le saluait d'un grand sourire. Ne voyant en lui aucun possible délateur, Auguste répondait d'un signe de tête et poursuivait son chemin jusqu'à l'hôtel, à deux pas de là. Un soir où il rentrait avec ses courses, le jeune homme lui fit signe d'approcher. Trimbaler dans sa fuite un souvenir de voyage était la dernière chose que souhaitait Auguste. Il refusa l'offre avec son meilleur sourire de circonstance, mais quelque chose dans les yeux obscurs du jeune homme le retint un instant. Ce n'était pas un regard de commerçant. Il hésita encore, et le besoin d'échanger trois mots avec quelqu'un fut plus puissant que sa réticence. L'avenue était déserte.

Le jeune Black, comme tout le monde dans cette île, policiers compris, attaqua la conversation en italien. Puis, étonné par les signes d'incompréhension d'Auguste, il passa à l'anglais.

— Salut l'ami, toujours tout seul ?

Auguste posa son sac.

— Pas toujours, dit-il, laissant planer quelques sous-entendus. Mais parfois cela fait du bien.

— Elle te plaît, ma boutique ?

Auguste jeta un coup d'œil à la profusion de coquillages pour tous usages et aux tissus qui recouvraient le ciment de la façade, et fit un pas pour examiner distraitement l'intérieur sombre. Une réplique de ces nombreux bazars qu'on retrouve partout sur les plages des mers du Sud.

— Pas mal, oui. Un peu mal située peut-être.

Le jeune homme riait des yeux.

— Et vous alors, vous êtes mal situé aussi ?

Ça y est, conclut Auguste. Celui-là ne se contente pas de chasser des mouches toute la journée. Le soir, il doit regarder la télé.

— Vous n'avez pas tort, mon ami. Je n'ai simplement pas assez d'argent et cet hôtel est le mieux que je puisse me permettre.

Le jeune homme lança un regard vers la casemate jaune et rigola.

— Celui-là, il dit être le seul à pratiquer des prix convenables pour ses co-natifs, mais je ne connais personne ici qui gagne assez pour loger dans ses piaules. C'est un malin, il double ses prix pour les étrangers. Ça vous fait combien par jour ?

La conversation allait trop loin, risquant d'amener une question gênante, quand les appels aigus d'une jeune fille attirèrent leur attention. C'était une blondinette qui s'était aventurée jusqu'ici pour rattraper son caniche blanc. La bestiole, queue en l'air, fonçait tout droit sur une poubelle déjà convoitée par un congénère autochtone. Mais de toute évidence, la bouffe n'était pas l'enjeu de sa fugue. La fille courait en appelant Titina avec des regards angoissés à droite et à gauche, comme si elle traversait un territoire hostile.

La scène semblait beaucoup amuser le jeune homme. Il adressa un clin d'œil à Auguste avant d'émettre deux sifflements courts, entrecoupés d'un bruissement aspiré. Titina stoppa net son élan, regarda une dernière fois les côtes dégarnies de son amour errant et fonça droit vers la boutique. La fille resta au milieu de la chaussée, peu certaine d'avoir résolu son problème. Sa Titina avait achevé son voyage en sautant sur les genoux d'un inconnu. Un Black, il y avait de quoi se méfier. Mais son amour pour sa petite chienne l'obligea à s'approcher à petits pas.

— Bonsoir, beauté, dit le jeune homme. Il est mignon, votre chien.

— C'est une chienne. Viens, Titina!

La bestiole ignora l'appel et continua à se frotter au jeune Black. La fille cachait son désagrément en ramenant sans cesse sa chevelure blonde sur un visage de poupée aux joues un peu décharnées.

— Bonsoir, mademoiselle. Ce n'est pas la coutume chez vous, de saluer ? Elle ne vous plaît pas, ma boutique ? L'entrée est libre.

— Non. Je veux juste que vous lâchiez ma chienne.

— Toujours nerveuses, ces Italiennes. Mais pourquoi, au fond ?

D'un mouvement de tête, la fille rejeta ses cheveux sur ses épaules.

— Parce qu'il y a trop de Noirs ici. Vous êtes partout, on ne peut pas faire un pas tranquille.

Auguste, qui voulait profiter de la diversion pour se tirer d'affaire, resta cloué sur place par le ton agressif de cette fille au bronzage parfait. A qui, au fond, on venait juste de rendre service. Il n'arrivait pas à la quitter du regard, si jeune et déjà raciste. Ce fut plus fort que lui, il répliqua, au lieu de la fermer comme il aurait dû. Et pire que tout, il le fit tout naturellement en italien.

— Mademoiselle, excusez-moi, mais je crois que vous oubliez l'essentiel. Ici, vous êtes bien loin de chez vous, et je n'ai pas encore entendu dire par quelqu'un de cette île qu'il y avait trop d'Italiens dans les parages. Et pourtant c'est bien le cas.

Il n'avait pas fini de prononcer ces mots qu'il se sentit le plus crétin du monde. Il enfonça sa casquette jusqu'aux oreilles. Combien de temps allait-il tenir en cavale si la seule maladresse d'une gamine lui faisait perdre son contrôle ?

La fille récupéra sa chienne et partit en courant, pendant que le jeune Black se tordait de rire.

— Viens t'asseoir, mon frère. T'es pas pressé au moins ?

Auguste regarda d'un air de doute la chaise que le jeune avait dépliée près de lui. Non pas à cause des nuées de mouches qui l'entouraient, car les mouches, elles, ne posent pas de question.

— Je le savais. Même avec ton allure bizarre, t'as bien une gueule d'Italien. Mon nom, c'est Malhé.

— Fabrice.

— Tu veux dire « Fabrizio », lui rétorqua-t-il malicieusement.

— J'ai juste un arrière-grand-père d'origine italienne. Je ne sais même plus quand j'ai mis les pieds dans ce pays pour la dernière fois.

Pour couper court, Auguste sortit deux cannettes de bière de son sac et lui en tendit une. Malhé refusa d'un mouvement de tête énergique.

— Je suis musulman, je ne bois pas d'alcool.
— Dommage, répondit Auguste sans réfléchir.
— Pourquoi ?
— Parce que les musulmans croyants que je connais se gonflent de Coca-Cola et ce n'est pas mieux.
— Peut-être, mais ça ne fait pas tourner la tête, comme il arrive souvent avec vous, les catholiques.

Auguste supportait mal ce genre de vertu. Des propos pareils, il en avait trop entendu.

— Peut-être, répondit-il, mais Coca et Nike font tourner les affaires de qui n'est pas forcément un ami de l'Islam.
— T'as l'air crispé, qu'est-ce qu'il y a ? C'est la fille qui t'a tapé sur les nerfs ? Tu parles comme mon oncle. Comme ces politiciens qui finissent par faire des dictatures en Afrique, mon frère. Le Coca-Cola appartient à tout le monde. Le pro-

blème est que cela fait grossir, et moi, je ferais bien de reprendre un peu de musculation. A force de rester assis ici, je commence à m'arrondir, conclut-il découvrant son ventre.

Une tresse de ficelles en cuir entourait sa poitrine jusqu'à la taille. Des bibelots du même style pendaient à son cou, d'autres emmaillotaient ses bras et ses poignets. L'idée qu'il en avait aussi sur les parties intimes fit sourire Auguste. Malhé n'apprécia pas.

— Les Blancs ne peuvent pas comprendre, nos coutumes vous font marrer. Même les nôtres, ceux qui sont arrivés ici il y a longtemps, croient pouvoir changer de peau en prenant les costumes des Blancs. Ils offensent la culture d'origine. Pas moi. Cela ne fait pas longtemps que j'ai quitté ma terre pour rejoindre ma famille ici, et je sais de quoi je parle. Tu vois ça, mon frère, fit-il en posant une main sur sa poitrine ficelée. Eh bien, si un de ces bons à rien d'ici qui se prennent pour des Européens tente de me tuer, sa lame se briserait avant de pénétrer ma chair.

— Un grigri, commenta Auguste, content d'emmener la conversation loin de ses problèmes.

— Pas tout à fait. Chez nous, ça se passe autrement. Vous, vous parlez d'un continent,

« l'Afrique », et c'est réglé en deux mots. Mais quand il s'agit d'un mouchoir de poche grand comme la Suisse, chaque habitant mérite un livre d'histoire. Laisse tomber, dit-il dans un rire, voyant qu'Auguste l'écoutait et laissait réchauffer sa bière. Ce n'est pas moi qui dis cela. J'aime bien embrouiller les gens en répétant ce que raconte mon oncle. En réalité, je n'y comprends pas grand-chose, à ces discours. Mais même lui, avec toute sa connaissance du monde, il n'aurait jamais quitté le pays sans aller voir avant la bonne personne. Toi, par contre, même si ton esprit semble libre, tu n'as pas eu la bonne personne capable de vider ton cœur de toutes tes contritions. T'es un Blanc, mon frère.

— Ça ne te dérange pas si je bois ma bière ici ?

Le soleil tardait à tomber. Un chien vint s'asseoir au milieu de la chaussée. Il se tortillait, mordant ses puces où il pouvait les atteindre et tenant bien ferme entre ses pattes un sac en plastique. Son dîner étant assuré, il les gratifia d'un regard mouillé. Auguste regarda son museau marqué par les cicatrices et se sentit bêtement proche de lui. Proche de ses blessures et de sa solitude, peut-être, mais bien loin de sa sérénité. Quelle idiotie que d'avoir cru le bonheur à portée de l'intelligence des hommes.

Il but une bonne rasade de bière puis ôta sa casquette, découvrant sa tignasse coupée à la va-vite dans un parking souterrain de Paris.

Malhé se marrait tout doucement.

— Tiens, je ne t'ai jamais vu en ville. T'as même pas de quoi te payer une sortie en boîte ?

— Je ne savais pas que les musulmans croyants comme toi fréquentaient les antres de Satan.

— Ce n'est pas ma boutique ici, je donne juste un coup de main à mon oncle. Pour me faire un peu de sous, je joue des percussions le soir dans les hôtels italiens, là-bas.

Auguste lança machinalement un coup d'œil dans cette direction, s'imaginant des dizaines de personnes criant son nom dans leurs portables.

— Cela ne m'intéresse pas. Si je cherchais ce genre d'amusements, la Côte d'Azur serait plus pratique et sans doute moins chère. Bon, je crois que je vais rentrer.

Ramassant son sac à provisions, il fit le compte des jours qui lui restaient à passer dans l'île. Trois. Ce ne serait pas simple.

Le soir suivant, Malhé le présenta à son oncle. Auguste s'en serait passé, mais il était impossible d'éviter l'échoppe, à moins de longer la plage où il risquait des rencontres bien pires. Malhé avait parlé de lui à son oncle, et le regard de l'homme sondait son âme à la recherche de celui que son neveu lui avait décrit. Il était grand, la soixantaine passée, encore fort et vigoureux. Bien que marqué par une vie intense et difficile, son visage avait une beauté rare. Ils se scrutèrent en silence, pendant que Malhé se marrait tout doucement, comme toujours.

— La chaleur tape fort aujourd'hui, dit enfin l'oncle. Venez vous asseoir à l'ombre.

Auguste n'avait qu'une envie, regagner sa chambre et boire deux ou trois bières d'affilée pour se soustraire au monde. Mais il manquait de courage pour décliner cette invitation qui avait le ton d'un ordre. Il se raidit, se préparant à affronter l'inévitable questionnaire. Mais l'homme au regard perçant l'empêchait de se cacher derrière son masque. Il ne posa pas de questions. Il lançait des commentaires brefs, anodins, sautait du coq à l'âne. Au bout d'un moment, Auguste n'arrivait plus à suivre. Il sentait son corps céder à la fatigue, adhérer à la chaise. Cet homme ne disait rien de méchant, Auguste laissait son regard se perdre entre ciel et terre. Jamais il ne s'était senti si loin de chez lui.

Soudain, il se surprit en train de boire les paroles de l'oncle. Il racontait son village natal, à une centaine de kilomètres de cette frontière assassine et toujours inconnue. Une vallée merveilleuse où l'eau coulait à flots, où les enfants grimpaient dans les arbres pour y cueillir les fruits. Il décrivait tout cela en regardant tout autour et d'un air peiné les fournaises en construction, qui allaient abriter les prochains Ethiopiens en quête de rêve. Il exagérait sans doute sa poésie, on embellit les souvenirs lorsqu'on est loin de chez soi. Auguste en savait quelque chose, mais quelle importance. Ce qu'il disait sur son peuple était si concret que même certaines coutumes qu'Auguste n'aurait jamais pu endurer devenaient dans ses mots inéluctables et naturelles. C'était l'âme de l'Afrique tout entière qui sortait de sa bouche.

Il parlait sans regarder Auguste, tout en sachant très bien qu'il avait son attention. A la fin de son conte, il demeura longtemps immobile, regardant jouer dans la poussière les petits enfants, dont il était déjà impossible de deviner le futur et l'origine. La gorge nouée, Auguste se faisait violence pour repousser le chagrin et ne pas lui conter à son tour toutes ses peines. Malhé arrêta ses gloussements coutumiers pour dire :

— Lui, il n'aime pas ses ancêtres, les Italiens.
— Mais ce n'est pas vrai, je n'ai jamais dit cela.

Auguste l'aurait étranglé. Ces mots avaient arraché l'oncle à ses pensées et, à présent, il fallait s'expliquer. Les gros yeux noirs pointaient déjà sur lui.

— Mais je n'ai jamais dit cela! Qu'est-ce que tu racontes?
— Ce n'est pas bien, fit l'oncle d'un ton sévère. Ce n'est pas bon pour la santé, ça affaiblit l'esprit. Il faut toujours aimer les gens nés de sa propre terre, même les mauvais.

Auguste se retint juste à temps. Il allait encore nier farouchement les propos de Malhé, mais cela n'aurait que conforté ce malentendu qui l'amusait tant.

— Malhé exagère. Je comprends et je partage ce que vous venez de dire. Mais j'ai si peu de temps pour connaître ce pays et les gens d'ici que je ne veux pas le passer à me gaver de spaghetti ou de calcio.

Il avait fait mouche. Répétant « de spaghetti ou de calcio », oncle et neveu se tordaient de rire. Auguste en profita pour sortir une bière, mais aussi une cannette d'orangeade qu'il avait prévue pour Malhé. Une seule, et Auguste ne savait pas auquel des deux l'offrir. A sa surprise, l'oncle enfila la main dans son sac et y prit une bière.

— Tu veux vraiment connaître le terroir ? dit-il en décapsulant la bière. Alors viens dîner éthiopien.

Auguste ne répondit rien. Il le regardait vider la cannette d'un souffle.

— Amène-le après la fermeture, ordonna l'oncle à Malhé, et il s'en alla sans saluer.

De la fenêtre de sa chambre, Auguste pouvait voir la devanture de l'échoppe. Malhé ne fermerait pas avant la toute dernière possibilité d'attraper un touriste égaré. Auguste le voyait balancer la tête sous l'ampoule entourée d'une nuée d'insectes. Il retourna s'allonger sur le lit. Il ne voulait pas aller à leur dîner. Il n'avait aucune envie de se retrouver attablé avec des inconnus qui allaient l'accabler de questions. Pour manger quoi, en plus ? Il n'avait pas faim. Il n'avait même pas soif, ce soir-là. Il voulait juste se vautrer au fond du lit jusqu'au lendemain, où il irait se balader avec les chiens errants entre les tas de poubelles et les bosses de sable blanc et de gravats.

Les chiens de l'île étaient tous roux avec les oreilles ensanglantées. Il devait y avoir un mâle qui faisait la loi. Mais ils étaient gentils. Au début, ils avaient grogné, ils n'étaient pas contents qu'on s'aventure sur leur territoire. Un étranger. Puis ils l'avaient laissé faire et, à présent, il y en avait toujours un ou deux qui l'accompagnaient jusqu'à la pointe de l'île, aller et retour. S'il s'arrêtait pour réfléchir, les chiens s'arrêtaient aussi. Ils restaient assis en attendant qu'il reprenne son chemin, sans jamais lui demander à quoi il pensait. Avec les hommes, c'est différent. Ils sont curieux, ils imaginent des bizarreries partout. Même un instant de silence, de réflexion, devient aussitôt mystère, tristesse, préoccupation secrète, problèmes.

Malhé décollait mollement son cul du tabouret. Avant de décrocher sa marchandise, il jeta un regard en direction de l'hôtel. Auguste n'échapperait pas à la décision de l'oncle.

Toujours accompagné de cette chose qui lui coupait le souffle, il suivit Malhé dans un dédale de chemins de terre. Cela sentait la chèvre. Cette odeur arrivait plus atténuée jusqu'à la plage et il s'était demandé d'où elle pouvait bien provenir. Ce n'était pas désagréable et cela éloignait les touristes. Bien loin derrière l'avenue, le quartier des Ethiopiens s'enfonçait dans l'ombre. Ils continuaient à arriver nombreux dans cette île qui avait fait jadis la fortune des anciens mais n'était plus aujourd'hui pour eux qu'un mirage dans le jardin des Blancs. Auguste et Malhé allaient dans le noir, marchant plus vite que le lent allumage de l'éclairage public. Les maisons, recouvertes de plaques de tôle et rattachées les unes aux autres par une infinité de murets, étaient encore plus improvisées que celles des natifs les plus démunis. De temps en temps, Malhé se retournait pour voir si Auguste le suivait toujours. Puis la lune se fit avaler par un nuage et l'obscurité devint complète.

Leur maison était une succession de pièces juxtaposées et séparées par des bâches de récupération. Seule l'activité qui y régnait la distinguait de celles qu'ils avaient dépassées le long du chemin. Ils entrèrent dans une petite cour où une dizaine de femmes s'affolaient autour d'une marmite chauffée sur un brûleur à gaz. Le bonsoir d'Auguste fit lever quelques têtes, mais Malhé continua son chemin sans s'occuper d'elles.

Soulevant un rideau après l'autre, ils arrivèrent dans la pièce la plus spacieuse. Des tapis de fibres tissées couvraient le sol de terre battue. Trois hommes étaient assis jambes croisées autour d'un saladier. Ils répondirent à peine à leur salut et continuèrent à manger, décharnant des morceaux de viande d'une seule main. Dans un coin, il y avait une sorte de jerrican. Malhé s'empressa de lui montrer l'exemple. Il fallait d'abord se laver les mains, en évitant de faire couler une seule goutte d'eau de trop. Ensuite, il partit chercher un saladier.

Auguste ne pouvait dire s'il s'agissait de chèvre ou de mouton. Il n'avait jamais su faire la différence et poser la question n'était pas son problème principal. La viande était dure, et la séparer de l'os avec une seule main exigeait une certaine concentration. Apparemment, seule la bouffe pouvait empêcher Malhé de rigoler. Il s'appliquait consciencieusement et, quand ils tombaient sur un morceau difficile, ils s'y mettaient à deux en tirant chacun de leur côté.

Les commensaux se relayaient en continu. Ils mangeaient vite et partaient en silence. Puis d'autres arrivaient et ainsi de suite. Puisque Malhé ne bougeait pas, Auguste s'obligea à rester comme lui jambes croisées jusqu'à ce que les fourmis aient raison de sa volonté. Il allait se lever pour exprimer ses remerciements, que personne probablement n'aurait écoutés, quand l'oncle fit son entrée.

Les deux derniers commensaux écartèrent aussitôt leur saladier et le saluèrent à pleine voix, au lieu de chuchoter comme ils l'avaient tous fait jusqu'ici. Même Malhé reprit ses gloussements habituels. L'oncle avait les yeux rougeâtres et l'air gai, ce qui détonnait avec sa forte présence, celle d'un maître incontestable. Derrière lui suivaient trois autres personnes, dont un homme déjà venu dîner plus tôt et qui n'avait pas prononcé un mot. Il avait à présent un sourire jusqu'aux oreilles. Puisque chacun semblait soudain plus détendu, Auguste en profita pour déplier ses jambes engourdies.

— Eh bien, la bouffe de chez nous, mon ami, ça t'a plu ? T'aurais pas amené tes bières, par hasard ? ajouta-t-il avec un semblant de reproche.

Il avait l'air de s'amuser, l'oncle. Pas seulement avec Auguste. Les moues, vite effacées, que le mot « bière » avait provoquées sur les visages de ses compatriotes, semblaient l'exciter davantage. Après s'être assis au milieu de la pièce, il prit un ton sérieux.

— Nous sommes tous musulmans ici, nous venons de la même terre. Il y a des catholiques chez nous aussi, pas vrai, mes frères. Eux, ils boivent du whisky. Ils mélangent la vie à la mort, dans leur estomac d'abord et puis dans la tête et l'âme. Pas nous. Nous connaissons la direction les yeux fermés. Il n'y a qu'un seul chemin sur la route de Dieu et rien ne se mélange. Mais cela ne nous empêche pas d'ouvrir notre cœur à tous ceux qui croisent notre chemin. Pas vrai, mes frères ?

Lesdits « frères » répondirent oui. L'oncle n'avait plus du tout l'air de rigoler et Auguste sentait venir le coup fourré. Inutile de demander de l'aide à Malhé, il percevait les vibrations de son rire intérieur sur le tapis où ils étaient assis côte à côte. A cet instant, Auguste maudit ses persécuteurs et sa maladresse, et s'en prit même à ses amis français qui n'étaient pas là pour le sortir de ces délires mystiques. Le catho blanc était dans la casserole noire. Mais quelque chose clochait dans le piège supposé que redoutait Auguste. A part Malhé qui riait toujours, les autres n'avaient pas l'air très rassurés non plus.

— Mais nous n'allons pas faire chier notre ami avec toutes ces complications, pas vrai, mes frères, reprit l'oncle. Nos allons nous désaltérer.

Après qu'il eut crié quelque chose dans sa langue, une femme pénétra dans cette pièce pour la première fois. Elle apportait une sorte de bassine pleine d'un jus laiteux. Au milieu était posé un autre récipient, en forme de cylindre, rempli d'un liquide rouge-brun. Cette disposition intriguait Auguste, et il n'était apparemment pas le seul. La femme, imposante, plutôt jeune, avec les cheveux enroulés dans un foulard orange, posa le tout devant l'oncle pendant qu'un gamin faisait rapidement le tour pour distribuer des gobelets aux hommes. Leur tâche accomplie, femme et enfant disparurent derrière le rideau.

Sur un signe de l'oncle, les hommes s'approchèrent de la bassine un par un pour se servir une tasse de cette boisson composée de jus de fruit mélangé à de l'eau de riz sucrée. Auguste retardait son tour. Mais à la fin, tout le monde fut servi, et ne restaient plus que lui et l'oncle. Résigné à attraper une dysenterie, il tendit son bras vers la bassine, espérant en ingurgiter le moins possible. Au moment où il se servait, l'oncle attrapa fermement son poignet, l'obligeant à enfoncer son gobelet dans le récipient du milieu. Ensuite, il fit de même avec le sien. A genoux devant l'abreuvoir, Auguste entrechoqua son gobelet avec celui de l'oncle, dont les yeux n'étaient plus que deux petits points de lumière noire. Avant que sa main ne tremble, Auguste approcha le gobelet de ses lèvres et le vida d'un trait.

C'était du rouge. Médiocre, sans doute un vin de table de provenance douteuse, mais assurément alcoolisé. Il regarda le cylindre, l'oncle, les hommes tout autour. Il était évident que tous savaient très bien que lui et l'oncle étaient au pinard. Cela n'était pas pour leur plaire mais, rassurés par le fait que les deux liquides étaient incontestablement séparés, ils buvaient leur jus de fruit sans crainte.

Chacun selon son goût, on se resservit plusieurs fois. La conversation était engagée, commençant par les anecdotes et les blagues puis continuant par les souvenirs, les familles au pays qui attendaient de pouvoir les rejoindre. Car même avec la fin de la guerre, c'était toujours mieux ici que là-bas. « La grande Afrique », les fiers Africains, n'était plus qu'un peuple destiné à l'exil. Dans cette île qui devait être une nouvelle terre pour tous mais qu'ils avaient marchandée, leurs compatriotes plus aisés leur faisaient subir les pires humiliations. Nostalgie pour leur lointaine vallée jadis fertile, aujourd'hui transformée en terre percée de mines, terre de personne.

Le vin aidant, Auguste aussi déliait sa langue. Il

fallait se donner un statut, des origines claires, s'inventer un métier, s'approprier les souvenirs des autres. Il fit honneur à la compagnie, stupéfait de la facilité avec laquelle il déballait ses mensonges, ainsi que de leur crédulité. Mais leur conte du pays des merveilles n'était-il pas inventé, lui aussi ? C'était bon de se laisser aller et, cela, c'était une pure vérité. Pour la première fois depuis le début de sa fuite, il ressentait un sentiment de chaleur, de proximité avec ces gens venus d'ailleurs, dont il ne se rappellerait même pas les noms demain. Des exilés, disaient-ils. Le jour où il n'y aura plus de chiens errants dans le monde, conclut Auguste, il n'y aura plus de vie non plus.

Quand la boisson, dans la bassine comme dans le cylindre, fut descendue d'une bonne moitié, l'oncle se leva d'un seul mouvement. Les autres allaient suivre son exemple mais il les arrêta d'un signe sec du menton et la compagnie tomba dans le silence. L'oncle posa les mains sur le bord du récipient. Pendant quelques secondes, il resta sans bouger dans cette position, la tête inclinée comme s'il était en train d'en renifler le contenu. Puis ses yeux luisants firent le tour de la pièce, se posant un instant sur chacun des présents. Il sortit alors tout doucement le cylindre métallique. Au fur et à mesure qu'il le soulevait, le vin sortait par des dizaines de trous pratiqués sur le fond et les côtés et allait se mélanger au jus de fruit.

Pendant que tout le monde regardait ahuri la soupe violette qui se formait dans la bassine, l'oncle se marrait comme un gamin.

— Voilà, mes frères, c'est l'heure de partir et tout se mélange. La vie et la mort, comme on dit, sont toujours l'une à côté de l'autre. Elles se mélangent seulement quand Dieu le veut, et les hommes aussi. Parfois, il arrive qu'elles se séparent à nouveau. Tout le reste, mes frères, est une simple question de différences.

Auguste n'eut pas le temps de voir l'effet que la scène avait produit sur les autres. L'oncle enchaîna :

— Tu bosses dans un de ces bars ce soir, Malhé, pas vrai ? Emmène donc ce garçon se distraire. Il a l'air d'en avoir besoin.

Aussitôt dit aussitôt fait, Malhé le poussait déjà dehors.

Il passa ses deux derniers jours sur l'île sans s'écarter de son emploi du temps : la promenade du matin avec les chiens, les courses du midi et la sortie du soir. Sans oublier l'orangeade pour son nouvel ami.

Allongé sur son lit ou assis sur les rochers du bout de l'île, il réfléchissait au stratagème auquel l'oncle avait eu recours pour que le vin ne se mélange pas aussitôt avec le jus de fruit. Que les trous du fond aient été bouchés, il pouvait encore l'attribuer à la pression du récipient contre la bassine. Mais demeurait le mystère des orifices sur les côtés, assez larges pour y passer une cigarette. Ses tentatives auprès de Malhé pour en savoir plus avaient toutes échoué sur un long regard de compassion. Jésus n'aurait pas fait autrement si ses apôtres lui avaient demandé des explications techniques à propos de la multiplication des pains et des poissons. Quand il avait insisté, s'obstinant dans sa recherche d'explications rationnelles, Malhé avait noyé ses questions dans son rire habituel et, à la fin, Auguste n'en savait pas plus.

Finalement, cela perdait toute importance. Il y avait sans doute une explication physique à ce mystère. Néanmoins, la leçon que l'oncle avait ainsi donnée à ses brebis était mémorable.

Suivant les chiens, il avait déniché une échoppe qui vendait de la bière glacée. Avec un banc dehors d'où l'on pouvait voir un bout de mer, et où aucun touriste ne viendrait jamais poser son cul. Il était environ 11 heures du matin. Son sac était fait, son avion décollait dans l'après-midi. Le temps d'un dernier verre, d'une pensée pour le pays qu'il allait quitter, et d'apaiser son inquiétude à l'idée du nouvel aéroport qui l'attendait.

Jusque-là, son passeport prêté avait tenu bon. On l'avait à peine regardé et les dollars avaient fait le reste. Mais il allait cette fois débarquer dans un pays technologiquement plus avancé. Etaient-ils déjà en possession d'un avis de recherche le concernant ? Il se donna du courage avec une deuxième bière et posa la question aux chiens, qui se gavaient avec son sachet de chips. L'oncle vint alors s'asseoir près de lui. Il était vêtu comme pour un jour de fête. Un médaillon en or pendait à son cou, et il s'était même aspergé d'un parfum douceâtre. Auguste s'apprêtait à lui commander une bière mais l'oncle n'avait pas soif. Il passait par hasard et s'était arrêté pour lui dire au revoir.

Au revoir ? Auguste n'avait dit à personne qu'il s'en allait, pas même au patron de l'hôtel. Il n'y avait aujourd'hui qu'un seul vol international, et annoncer son départ eût dévoilé sa destination. Il sauterait sur un bateau rapide au dernier moment en direction de l'aéroport. Auguste demanda donc tout naturellement à l'oncle s'il s'embarquait pour une île voisine. Au lieu de répondre, l'oncle regarda le ciel, exactement comme quelqu'un qui prend la mer et s'interroge sur le temps. Il avait l'air bizarre, l'oncle, pensif. Il resta un bon moment en observation. Ne sachant que faire, Auguste leva les yeux vers le ciel à son tour, même s'il ne voyait rien de spécial dans ce bleu uni.

— C'est une très belle journée, conclut l'oncle en hochant la tête. Des jours comme cela, il n'y en a pas beaucoup. Tu peux me croire.

Les chiens avaient fini les chips et léchaient le papier. Auguste jeta un autre regard au ciel, au cas où quelque détail lui aurait échappé. Mais à part le soleil à pic, il n'y avait rien à remarquer. Après avoir consulté sa montre, l'oncle braqua sur Auguste un regard solennel.

— Il y a exactement une heure et demie, ma femme a accouché. J'ai un nouveau garçon.
— Félicitations. C'est pour cela que vous partez ?

Il répondit juste par un « merci », avant de revenir à son examen du ciel. En même temps, il décrocha un bracelet en cuir qu'il portait au poignet.

— Tu sais, il y a une tradition chez nous. Quand vient un nouveau-né, nous offrons certains objets à trois personnes de notre choix. Celui-ci est pour toi. Donne-moi ta main droite.

Auguste hésitait. Il avait dit « certains » en le regardant droit dans les yeux. Auguste n'aimait pas ce genre de cérémonies. Et pourquoi lui ? Sans se soucier de son avis, l'oncle avait déjà saisi sa main. Il ne restait plus à Auguste qu'à le remercier.

— Porte-le toujours sur toi, mon ami. Ainsi mon enfant grandira heureux.

Auguste ne savait que répondre, et regardait le bracelet tout en se disant qu'il ne pouvait pas faire une promesse pareille. Lui, capable d'acheter une montre un jour et de la perdre le lendemain, il devait garder le certificat de garantie d'un nouveau-né. Heureusement, ce n'était pas une de ces babioles coloriées qu'il détestait. Juste une simple bande de cuir foncé avec un minuscule coquillage incrusté au milieu. Il ferait un effort.

L'oncle le regardait avec ses yeux obscurs. Puis, ayant perçu qu'Auguste avait fini par accepter son don, il égréna son rire.

Auguste adorait sa façon de rire. Non qu'elle fût particulièrement belle ou musicale, mais elle exprimait une joie pure. En l'écoutant, on avait le sentiment que chaque particule de son corps était heureuse. Quand l'oncle se leva, Auguste lui renouvela ses félicitations et lui tendit la main. L'oncle l'ignora. Avant de s'éloigner, il lui lança :

— Fais un bon voyage, mon ami. Un ciel pareil, on ne l'a pas tous les jours. Tu peux me croire.

Il est toujours plus facile de partir que d'arriver. L'aéroport de M... ne lui tordait pas le ventre de peur comme la semaine précédente. Quitter un pays est une libération. Pour les autorités locales qui se délivrent d'un problème potentiel et pour le partant déjà résigné à accepter incognito le prochain danger. La sueur coulait pourtant sur son fond de teint. Son déguisement de gay pouvait en partie justifier cette anomalie, mais la crainte d'attirer l'attention ne faisait qu'accroître la transpiration.

Il y avait très peu d'Européens à l'embarquement. La plupart des passagers étaient des marchands du pays ou des Ethiopiens. Cela le rassurait un peu. Il s'imaginait qu'au débarquement les douaniers feraient moins attention aux papiers d'un Européen qui semblait tout juste sorti d'un défilé de mode.

Il alla s'attacher à son siège avec cet air un peu lassé qu'il convient d'avoir quand le voyage est une fastidieuse perte de temps entre un rendez-vous et un autre. Il portait son masque comme un gant. Rien ne transparaissait, le tourbillon de la fuite était bien encapsulé dans son esprit. Même si le sentiment de cette *chose*, de cette cavale qu'il n'arrivait toujours pas à accepter, continuait à lui couper le souffle chaque fois qu'un regard se posait sur lui. Dans sa tête, les questions s'amoncelaient. Il ne savait même pas s'il allait atterrir dans une grande ville ou dans un de ces aéroports isolés au milieu de nulle part. Il en avait déjà vu par le passé dans certains pays, où l'on construit d'abord la piste et l'église après. Les troquets poussent tout seuls ensuite. Mais ces pensées, personne ne les voyait.

Si sa fuite avait été organisée, comme l'avaient prétendu les autorités, il aurait su exactement où il allait débarquer. Il n'aurait pas eu besoin de poser des questions idiotes à la dame noire qui occupait la place à ses côtés. Au début, elle refusa la conversation. Les Africains se méfient des hommes dont l'identité sexuelle n'est pas sûre. Mais son timbre de voix, et quelque chose d'autre que seule une femme peut percevoir, finirent par la rassurer.

C'était une belle femme, du moins lui semblait-il. Depuis tout ce temps de solitude forcée, il trouvait beau tout être qu'il pouvait approcher sans crainte. Les yeux sombres dénotaient de larges capacités de réflexion. C'était un regard mûr, ami.

Il était un touriste égaré d'un vol à un autre, il souhaitait savoir s'il n'était pas monté une fois de plus dans le mauvais avion. Non, le rassura-t-elle, S... était une grande ville. Oui, c'était un sacré détour pour rentrer chez lui, mais cette ville était magnifique et qui sait si Dieu, dans sa grande bienveillance, n'avait pas voulu qu'il connaisse ce lieu. Vous allez peut-être trouver ce que vous avez toujours cherché. La vie est une éternelle surprise, conclut-elle avec une pointe de malice.

Il approuva d'un signe de tête. Puis elle se mit à réfléchir et, pour ce faire, elle appuya ses deux pouces sur sa lèvre supérieure. Un geste que faisait aussi son amie Fred, chaque fois qu'elle cherchait ses mots devant son ordinateur. Fred. Cette pensée l'arracha à son siège et le rejeta dans cette petite rue du XIVe arrondissement de Paris où il avait passé ses derniers jours d'homme libre. En ce moment même, Fred se demandait peut-être s'il était enterré dans une rue voisine ou bien perdu au bout du monde.

Seules les femmes qui ont le courage de pleurer en public se foutent du maquillage qui coule.

Ignorante de sa peine, la femme lui racontait sa vie. Parlait de ses voyages à S..., une fois par mois pour acheter de la marchandise qu'elle revendait dans une boutique bien située dans la capitale de son pays. Sa fille s'occupait de tout pendant ses voyages. Une jeune de vingt ans qu'elle ne voulait pas donner en épouse à un de ces feignants qui tournaient autour d'elle. Vingt ans, le même âge que Tina, sa fille aînée. Auguste tourna la tête de l'autre côté et serra fort les yeux. Il ne voulait plus entendre la voix de cette femme, douce et déchirante comme ses souvenirs.

C'était la dernière arrivée internationale de la soirée. L'espoir de pouvoir compter sur la fatigue du personnel de service fut de courte durée. Il occupait le milieu de la file d'attente, devant une rangée de boxes vitrés où chaque passager était appelé tour à tour pour le contrôle d'identité. Il pouvait voir les agents s'appliquant minutieusement à leur tâche. Ils regardaient attentivement le passeport, examinaient la photo et le passager et, ce qui lui gelait le dos, c'était surtout cette machine reliée à un écran d'ordinateur dans laquelle ils passaient chaque document. En dissimulant ses mouvements, il attrapa un quart de Lexomil dans sa poche, l'avala et le laissa fondre sous la langue pour en accélérer l'effet. S'il avait existé un Dieu à prier, il l'aurait fait sans honte.

Son tour venu, l'agent regarda à peine son visage, il ouvrit juste le passeport et le passa directement dans sa machine. Il répéta l'opération plusieurs fois puis, l'air désolé, il dit :

— Monsieur, votre passeport n'a pas de code barre, ou bien il est défectueux.

Le cœur lui manqua. Dans un souffle, il lui fit comprendre qu'il ne saisissait pas la langue. L'agent cracha quelques mots dans son téléphone et une fille se pointa au box. Son passeport passa de main en main, la fille l'invita à la suivre. Avant de disparaître dans un ascenseur, elle lui fit signe d'attendre. De là, il pouvait voir les regards intrigués des passagers qui continuaient à faire la queue. Il se demanda combien d'entre eux se refilaient le même passeport de frère en cousin et passaient pourtant comme une lettre à la poste. Tandis que lui, le Blanc excentrique venant de la riche Europe, il était foutu comme le dernier des cons. Il pensait aussi aux lois locales, aux accords d'extradition que ce pays avait ratifiés avec la

France et l'Italie. Il pensait surtout qu'il était encore en zone internationale et que tout était possible. Il s'accrocha au bon sens des autorités locales, à l'adresse de la Ligue des droits de l'homme qu'il avait en poche. Il cherchait une solution comme un forcené, mais ce n'était que rêves. Comme la France, terre d'asile.

La fille revint quelques minutes plus tard, avec son passeport en main et le premier sourire du pays. Elle lui tendit un ticket qui validait officiellement son passeport.

— Conservez ce ticket, Monsieur, et présentez-le à chaque contrôle, ok? Bienvenue à S...

Je n'ai pas appris à dire adieu

Auguste était arrivé. Il ne pouvait souhaiter mieux que ce pays plus grand qu'un continent tout entier. De la fenêtre de son hôtel, il voyait la mer. De l'autre côté de cette mer, le soleil se couchait sur l'Europe. Son monde, maintenant, était juste en face. Il était impossible d'aller plus loin. Plus loin, il n'y avait rien ou pire. Il était enfin arrivé dans ce pays où, normalement, il pouvait compter sur une nouvelle procédure d'extradition avant d'être envoyé en Italie. C'était le maximum qu'il pouvait demander à sa fuite. Il avait réussi. Il fallait s'en réjouir, fêter cela, sortir dans la rue et respirer à pleins poumons la terre promise. Il aurait dû, mais il n'y arrivait pas, coupé en deux entre soulagement et détresse. Jamais il n'avait vécu des sensations si opposées, des décharges émotionnelles aussi contraires et juxtaposées dans un même sentiment. Arrivé, pour faire quoi ?

Fini le prétexte de la fuite, il lui fallait maintenant réapprendre à vivre. Se lever le matin dans son lit, remplir une journée et se coucher le soir comme tout le monde. Mais pour cela, il fallait s'installer, penser et agir comme s'il n'y avait plus de retour possible. Fallait-il faire sauter ce pont qui le reliait à tout ce qu'il avait de plus cher ? Le moment de prendre une telle décision était désormais tout proche et le torturait au point de lui faire regretter les instants plus malheureux de sa fuite.

Aujourd'hui, il avait la mer en face et les poursuivants loin derrière. Il était arrivé mais il n'y était pas encore. Le pont était bien trop solide pour qu'il puisse s'y attaquer seul. Ce n'est que lorsqu'il cesserait d'imaginer les côtes méditerranéennes qu'il serait effectivement ailleurs. Et être ailleurs veut dire avoir semé au moins une graine et espérer sur place qu'un jour elle devienne arbre.

Auguste avait toujours agi sous l'impulsion de la passion, dans la course, il n'avait jamais compris l'amour. Pour cela, il faut s'arrêter et saisir. Il faut aimer les gens pour les connaître, il n'avait pas compris son pays. Aujourd'hui, il savait. A cinquante ans, à la fenêtre de cet hôtel face à l'océan, Auguste était certain que maintenant, il était prêt à aimer. Mais pour commencer, il lui fallait arrêter la course. La course idéologique, littéraire, le frisson sublimé de la fuite. S'arrêter enfin pour aimer. Le front collé à la vitre donnant sur l'autre monde, tout cela lui faisait énormément peur. La peur. Ce n'était assurément pas la même que celle qui le faisait sourire aux temps de l'insurrection, comme si la victoire était là pour le voir et qu'il s'agissait d'une véritable victoire. Comme si tous ces mots avaient un sens. Une société juste, il souriait et serrait les poings, prêt à mourir pour s'en convaincre. Il était étrange de ressentir tout cela maintenant, avec la fièvre des débuts. Pourquoi cette vocation pour la course ?

L'instant d'après, il devait admettre qu'il n'avait pas choisi grand-chose jusqu'ici. Quelqu'un l'avait mis sur la ligne de départ et il avait commencé à courir, jusqu'à s'arrêter net devant la vitre de cette fenêtre. Que savait-il de ce pays, de ces gens et de leurs coutumes ? Et la bouffe ? Que mangeaient-ils ici ?

Des terrasses bondées au bord de la mer. « *Le parfum d'un pays chaud, 29° à 22 h 30* », annonçait un panneau publicitaire. Auguste se mêlait aux peaux d'une autre teinte, s'abreuvant de ces visages décontractés qui semblaient n'avoir jamais éprouvé autre chose que le contentement d'exister. Ce qu'il y avait de l'autre côté de la mer n'était pas leur problème. Asiatique parmi les Asiatiques, voici ce qu'il fallait devenir.

— Du poisson, s'il vous plaît. Et du vin aussi, en avez-vous ?

Oui, ils en avaient. Blanc, rouge, sec, doux, gai comme ce sourire que nul prix ni bon salaire n'aurait pu mettre dans la bouche d'un serveur. Pour devenir ainsi, pensait Auguste, il fallait changer de gueule. Même le poisson était étranger, assez corpulent pour dépasser de l'assiette et muni d'une toute petite tête. Mieux valait commencer par la queue, il n'arriverait jamais au bout.

— Bonsoir, voulez-vous de la compagnie ?

A l'intérieur, les poissons se ressemblent tous, ils ont tous des arêtes partout. Il faut bien tenir les bouts ensemble, on n'y échappe pas. Même si la forme change et si la langue n'est pas la même, le principe reste universel. Karine était universelle. Voilà qui était rassurant pour Auguste, nous ne sommes jamais très loin de nous-mêmes.

La fille avait passé la tête à travers la clôture de la terrasse, un œil inquiet guettant le serveur et l'autre suppliant Auguste. Ne sachant pas si le sourire rêveur de l'étranger signifiait un oui ou un non.

— Monsieur, répéta-t-elle dans un mélange d'anglais, désirez-vous un peu de compagnie ?
— Non, merci.

Même réponse, même voix. Comme alors, la fille s'éloignerait et, l'air à peine déçu, irait poser la même question à un autre touriste solitaire. Mais cette fois, Auguste ne la rappellerait pas. Fini, A... et sa zone occidentale, terminée aussi l'angoisse du voyage. Il était arrivé et ce jeune museau coincé entre les lattes de bambou n'aurait rien pu pour lui. Il s'en voulait presque.

— S'il vous plaît, marmonna la fille, effrayée par l'apparition d'un vigile. Je ne suis pas ce que vous croyez, je veux dire que j'ai juste faim, je n'ai rien avalé depuis hier.

Elle marqua une pause, avant d'ajouter les yeux baissés :

— Après, si vous voulez, je coucherai avec vous, mais sans payer, je vous le promets, je ne prends pas d'argent. C'est juste pour manger, monsieur.

Auguste regardait la fille et entendait le bruit de fond des dîneurs autour de lui. Non, ce n'était pas la même voix qui lui parlait de l'autre côté de la palissade. Karine n'avait pas ce regard fixé sur son assiette. Soudain, il se sentit bien à sa place et, tant qu'il resterait assis là, il n'éprouverait pas le besoin d'aller ailleurs. Il était énorme, ce poisson dans son assiette.

— Venez. On y arrivera peut-être, à deux.

— Oui, on y arrivera, attendez voir. Dites à ce gorille là-bas de me laisser passer et après, vous verrez comment je vais réduire votre poisson! Vous êtes Italien, n'est-ce pas? C'est évident, les Italiens n'aiment pas manger tout seuls. Est-ce que mon petit frère peut venir aussi? Du riz pour lui, ça ira. Il aime ça, le riz.

A quelques mètres d'eux jouait la mer. Elle chantait une autre langue, mais la musique était toujours la même.

POSTFACE
par Fred Vargas

Elle est un long chemin, l'« Affaire Battisti » : pour Cesare, une indescriptible épreuve et, pour tous ceux qui ont emprunté cette route, une marche difficile, scandée d'efforts et de désillusions. Un chemin impopulaire aussi, où l'incompréhension et la critique forment autant d'obstacles et de peines. Mais ce chemin n'est pas que cela. Il est aussi un révélateur, un lieu de remarquables rencontres. Parce que le caractère d'urgence et de risque de l'affaire n'a pas laissé le temps des approches ordinaires, c'est en quelques jours, parfois en quelques heures qu'il fallut éprouver et ressentir la loyauté et la justesse de l'autre. On a souvent associé mon nom seul à la défense de Cesare Battisti et rien n'est plus injuste : quelques centaines de femmes et d'hommes accompagnent sans faillir, poursuivent un combat de justice sans gratification, de « l'homme de l'ombre » au « médiatique », et pas un, pas une, n'a quitté la route. Sans eux, pas d'espoir, pas de courage, pas de chemin. Sans eux – et Cesare l'écrit – la vie de Battisti eût été assurément perdue. En chacun, en chacune, j'ai trouvé des beautés à couper le souffle, de celles qu'on rêve de croiser un jour pour croire encore, en dépit de tout, à la grâce des hommes.

Je ne peux les nommer tous ici mais le ferai un jour, quand le navire aura touché au port.

Cinq hommes ont assumé ensemble la décision de publier et de porter ce livre, en toute conscience de la difficulté de la tâche, de son audace, et des coups à prendre.

Bernard-Henri Lévy, dont la main tendue ne s'est jamais dérobée depuis deux ans, dont la solidité n'a jamais cédé sous la critique, et qui préface ici la voix de Battisti.

Jean-François Lamunière, président des éditions Payot & Rivages, François Guérif, directeur des éditions Rivages Noir, Olivier Nora, président du directoire des éditions Grasset, François Samuelson, directeur de l'agence Intertalent, qui ont associé leurs efforts pour mener à terme cette délicate publication.

Tous cinq ont permis que les mots de Cesare, parvenus comme une bouteille à la mer, soient entendus en France. Avec l'espoir que leur vérité ébranle un peu les murs de l'exil.

*

* *

C'est sans doute l'esprit pointilleux du roman policier – fournissant au lecteur les « éléments nécessaires à la compréhension du drame » – qui me pousse à compléter le récit de Cesare. En apportant mon témoignage sur son silence de l'an passé, en détaillant les quatre homicides et les accusations du « repenti » Pietro Mutti, en disant enfin comment la justice française s'appuya sur trois « lettres de Battisti » pour l'extrader : ces trois documents sont des faux. Parce que cette découverte est intervenue cinq mois après sa fuite, Cesare n'a pu en avoir connaissance, et cet élément décisif manque donc à son récit. Ces lettres sont un peu à l'affaire Battisti ce que fut le « bordereau bleu », de fameuse mémoire, à l'affaire Dreyfus.

A la question qui fut tant posée : « Pourquoi Battisti ne s'est-il pas défendu? » quand les médias le montraient du doigt, Cesare donne ici la réponse. Mutisme « suicidaire », écrit-il à juste titre, puisque son silence buté confirma sa culpabilité auprès d'une opinion publique déjà hostile. Son propre aveu me rend la liberté de parole sur ce point qui fut si crucial.

Cesare n'avait jamais fait mystère de son innocence auprès de ses parents et amis. Mais au moment où ses mots eussent été les plus nécessaires, il se tut. Je me suis beaucoup affrontée avec lui sur ce sujet. Alors que la tempête médiatique faisait rage, livrant chaque jour ses flots de fureur, je l'exhortais sans relâche à dire son innocence avant qu'il ne soit trop tard, tandis que lui s'y refusait avec obstination. Nos discussions sur ce thème virèrent souvent à la bagarre de chiffonniers, ponctuée par les portes qui claquent. Je connais donc jusqu'à l'écœurement les raisons de son silence. Et je ne pus, jusqu'à ce jour, jamais les dire.

La stratégie des avocats de Battisti, en charge de la défense de la plupart des autres réfugiés italiens, était logique, et très compréhensible : tous les exilés des années de plomb bénéficiaient de la protection de la « doctrine Mitterrand », mais tous n'étaient pas contumaces, et tous n'étaient pas innocents. Mettre en avant l'innocence de Battisti brisait donc la ligne solidaire d'une défense collective. Le bouclier devait convenir pour tous, et non pas pour un seul. Cette stratégie commandait de ne jamais évoquer son innocence, et de s'en tenir aux seuls arguments de la parole d'Etat, de l'autorité de la chose jugée, et de la loi sur la contumace. Un petit groupe de réfugiés faisait lourdement pression dans ce sens, enjoignant Cesare de se taire.

J'avais sur ce point une idée tout autre : j'étais convaincue que le gouvernement français était déterminé à livrer Battisti à l'Italie, quels que soient les obstacles légaux. Que son extradition ouvrirait une brèche, entraînant celle de tous les autres réfugiés à sa suite. Que si nous réussissions à sauver Battisti, la France n'oserait pas un second scandale de cette ampleur et que l'affaire sonnerait la fin des poursuites.

Cesare se trouvait donc confronté à un dilemme proprement cornélien : sauver sa vie en expliquant son innocence le faisait apparaître comme un « traître » à la cause collective, un « lâcheur » qui se désolidarisait pour tirer seul son épingle du jeu. Se taire l'exposait au risque de la prison à vie. Mais la défense l'assurait sans cesse qu'il n'était pas menacé. La victoire étant certaine, à quoi bon mettre les autres en danger? Parler était inutile, et répréhensible.

La pression fut lourde, je la connus aussi. Je reçus nombre d'injonctions me demandant de faire silence sur son innocence. Ainsi, un exemple entre cent, de ne pas écrire « condamné pour quatre homicides qu'il n'a pas commis » mais

« condamné pour quatre homicides », sans un mot de plus. Les défenseurs de Cesare se divisèrent gravement sur ce point crucial. Beaucoup plus nombreux et influents étaient ceux qui avaient opté pour le silence. Quant à Cesare, il répugnait – et je le comprends – à l'idée de « faire cavalier seul » en même temps qu'il croyait, au moins au début, à la fiabilité de la justice française. Selon lui, « la loi, en France, cela signifie quelque chose ». Il avait foi. Pas moi. Il choisit donc de se taire, se courbant sans répondre sous les accusations de la presse.

Mais il ne pouvait endosser des crimes qu'il n'avait pas commis. Il se trouvait donc en grave porte-à-faux quand un journaliste lui demandait « Avez-vous tué ? ». Il opta pour une formule qui lui permettait de dire ni oui ni non : « Je ne reconnais pas ces faits. Mais j'assume une responsabilité collective », répondait-il en boucle comme un automate grincheux. De même choisit-il d'écrire dans *Le Monde* : « Cet homme, ce meurtrier, je ne le connais pas », tentant de faire comprendre son innocence sans la déclarer ouvertement. L'ambiguïté de ces formules le desservit, sa manière d'éluder le sujet confirma les soupçons. « S'il était innocent, entendit-on, il l'aurait dit, tout simplement. » Mais nul ne savait quel tabou de plomb l'obligation de solidarité faisait alors peser sur lui, et surtout, en lui.

Cesare ne réalisa l'ampleur du désastre que le soir du verdict du 30 juin. Il se détermina alors à modifier sa défense et sa déclaration parut dans le *Journal du Dimanche* du 8 août : « Je n'ai jamais tué et je peux le dire, les yeux dans les yeux, aux parents des victimes, aux magistrats. » Elle passa inaperçue, on ne le crut pas. Il était trop tard.

Pour la même raison, Battisti ne put jamais s'expliquer sur les homicides qui lui étaient reprochés et c'est seulement depuis sa fuite, dans ce livre, qu'il peut raconter librement la manière dont il vécut ces quatre attentats. Qu'il peut dire la date de son « adieu aux armes », le 9 mai 1978, jour choc de l'assassinat d'Aldo Moro, jour où la page de la lutte armée se tourna définitivement pour lui. Qu'il peut évoquer la personnalité du « repenti » Pietro Mutti, exposer les raisons qui conduisirent le chef des PAC à faire porter à son ancien camarade les quatre attentats que Battisti n'avait ni commis, ni organisés.

J'aimerais ajouter quelques détails sur ces homicides et sur les déclarations de Pietro Mutti.

Battisti appartient encore aux PAC quand

survient l'assassinat du gardien de prison Antonio Santoro, en juin 1978. Cet attentat, ce drame « qui ne devait pas se produire » met fin à ses illusions sur l'efficacité du mot d'ordre des PAC : « Non aux attentats entraînant mort d'homme », et Battisti entre en dissidence. Ses tentatives pour dissoudre le groupe échouent face à la détermination du très radical Pietro Mutti. Il quitte l'organisation vers la fin de l'année 1978 et commence sa vie de clandestin inactif dans un appartement de Milan. Son départ, antérieur aux trois autres meurtres revendiqués par les PAC, signe sa rupture avec la nouvelle ligne combattante du groupe résiduel.

C'est dans cet appartement qu'il se fait prendre dans une rafle, le 26 juin 1979. Pas une fois au cours des interrogatoires qui suivirent, puis au cours de son procès en 1981, la police ni les juges n'envisagent sa participation aux quatre actions meurtrières des PAC. Son nom n'apparaît d'ailleurs jamais dans les enquêtes qui furent menées après chacun des attentats. Quand il s'évade en octobre 1981, Battisti n'est emprisonné que pour appartenance à bande armée. Sa condamnation ultérieure à la perpétuité est due à la seule parole tardive de Pietro Mutti, arrêté avec tous ses camarades des COLP en 1982.

Accusé de meurtres et menacé d'emprisonnement à vie, Mutti se montra, comme il arrive souvent, aussi extrême dans sa posture nouvelle de « repenti » qu'il l'avait été dans la lutte armée. Selon le système alors en vigueur, plus un repenti donnait de noms et permettait au tribunal de régler des affaires, plus sa peine s'amenuisait. La collaboration de Pietro Mutti fut telle que les principaux chefs d'accusation à son encontre furent effacés et qu'il gagna la liberté après neuf années de service auprès de la justice. Le nombre et les extravagances de ses déclarations lui valurent d'ailleurs de devenir, avec Barbone, l'un des plus « célèbres » repentis de la juridiction de Milan. Puis il disparut. Il est l'unique responsable de l'avalanche d'accusations qui enterra progressivement Battisti. Pas un témoin oculaire, pas une preuve matérielle, pas un commencement d'indice ne vient étayer ses accusations. Pietro Mutti expliqua d'ailleurs lui-même qu'il accusait Cesare parce qu'il était jeune et sain et sauf à l'étranger. D'autres déclarations vinrent appuyer les dires de Mutti : il s'agit de celles d'autres repentis et de « dissociés » – version allégée du repenti –, tous camarades de Mutti qui négocièrent des réductions de peine en corroborant les paroles de leur ancien chef.

Pietro Mutti suivit sans varier un système d'accusation simple et quasi obsessionnel, en transférant simplement sa perpétuité sur les épaules de son ancien camarade absent. Ses déclarations mensongères, dans lesquelles il s'emmêle, le conduisirent plus d'une fois jusqu'à la contradiction ou la gaffe, comme lorsqu'il accuse formellement Battisti d'avoir tiré sur le boucher Sabbadin, puis est contraint d'admettre que Giacomin en est l'auteur, ou bien l'accuse de hold-ups à la place de ses amis Masala ou Falcone. Mutti ne cesse de donner un nom pour un autre et, bien plus tard, la cour d'assises de Milan elle-même le reconnaît, dans son arrêt du 31 mars 1993 : « Ce repenti est un habitué des "jeux de prestidigitation" entre ses différents complices, comme lorsqu'il introduit Battisti dans le hold-up de Viale Fulvio Testi pour sauver Falcone, ou encore Battisti et Sebastiano Masala à la place de Bitti et Marco Masala dans le hold-up contre l'armurerie "Tuttosport", ou bien encore Lavazza ou Bergamin à la place de Marco Masala dans deux hold-ups véronais. »

Mutti était entre autres accusé par deux services de police – *La Digos* de Milan et les *CC* de Udine (carabiniers) – d'avoir tiré sur Antonio Santoro, le 6 juin 1978 à Milan, avec la complicité de Giacomin. Mutti accusa Battisti à sa place et ne conserva pour son compte qu'une charge de complicité. C'est pourtant bien la mort de Santoro qui détermina la fracture de Battisti avec son groupe puis son départ des PAC, avec ses autres camarades opposés aux crimes de sang.

Plusieurs mois après que Battisti a quitté les PAC, a lieu le double assassinat du 16 février 1979 : le bijoutier Pierluigi Torregiani est tué à Milan et le boucher Lino Sabbadin, du parti néo-fasciste MSI, est abattu le même jour en Vénétie, à Caltana Santa Maria de Sala – et je ne peux écrire ce nom sans revoir Cesare lâcher le journal et s'écrier « Mais je ne sais même pas où il est, moi, ce [...] de village ! »

Deux hommes étaient entrés dans la boutique du boucher Sabbadin et l'un d'eux avait tiré. Pietro Mutti commença par nier sa participation et accusa Battisti d'avoir exécuté le commerçant. Mais son ami Giacomin – chef de l'aile vénitienne des PAC – se constitua dissocié et avoua avoir tiré sur Sabbadin. Mutti fut alors contraint de se rétracter et d'admettre sa propre présence sur les lieux. Il fit de Battisti un complice. A cette date pourtant, Battisti ne faisait plus partie des PAC.

A l'époque des déclarations de Mutti, l'assassinat de Torregiani était déjà élucidé et les quatre hommes du commando, Sebastiano Massala, Sante Fatone, Gabriele Grimaldi et Giuseppe Memeo, avaient été identifiés et condamnés. L'accusation de complicité morale contre Battisti dans cette affaire ne repose strictement que sur les dires de Pietro Mutti, qui déclara que son ancien camarade avait participé à une réunion, en vue de l'organisation de l'attentat. D'autres repentis et dissociés appuyèrent sa version. En réalité, c'est au domicile de Mutti que s'était tenue l'une des réunions. Mutti fut malgré tout acquitté pour ce meurtre, et Battisti compromis. Pourtant, la non-participation de Battisti à l'attentat Sabbadin contenait de fait sa non-participation à celui contre Torregiani.

Je souhaite revenir plus longuement sur cette fusillade tragique, car c'est elle qui contribua le plus à faire de Battisti un « monstre » dans l'opinion publique, lors de l'assaut médiatique de 2004. Grâce à l'habileté de la propagande, Français et Italiens furent en effet convaincus que Battisti en était l'auteur, convaincus qu'il avait tiré sur le jeune fils de Torregiani, demeuré paraplégique, alors que la Cour italienne elle-même ne l'accusa jamais de ce fait. Outre que le tribunal admit que Battisti ne figurait pas parmi les agresseurs, la balistique avait prouvé que le fils de Torregiani avait été touché par une balle perdue de son propre père.

Battisti apprit la nouvelle et la blessure de l'enfant par la presse. Je complète son récit par ce témoignage enregistré en juillet 2004 : « Je crois que les plus mauvais souvenirs que j'ai d'actions qui me regardent directement, qui regardent directement mon groupe, c'est quand j'ai lu dans les journaux que le fils de Torregiani, qui est un garçon de douze ou treize ans, je ne me souviens plus, il était blessé, et donc il est resté paralytique. Paralysé. Ça, c'était quelque chose de fort. Ça, c'était quelque chose qui a... qui m'a vraiment beaucoup impressionné à l'époque, qui a impressionné beaucoup de monde.[...] Même si ce n'était pas le noyau qui a organisé l'action qui a blessé cet enfant... parce qu'on sait aujourd'hui que c'est son père même qui a... Une balle perdue. Qu'il a été blessé par une balle perdue de son père. Mais quand même, c'est le résultat d'une action. Donc ça, c'est quelque chose qui m'a... qui nous a terrassés, en fait. Ça nous a mis dans un état... Même si on n'était pas responsables, même si on était contre l'action, même si la chose était une action décidée de façon autonome par un groupe de quartier. »

Dans un court texte qu'il rédigea en juillet

2004, il note : « Quelque temps après, nous fûmes rejoints [en prison] par un groupe accusé de l'attentat qui avait coûté la vie de Pierluigi Torregiani [...]. C'était des jeunes gens de quartier qui, comme beaucoup d'autres ailleurs, avaient utilisé le sigle des PAC. J'en connaissais un ou deux de vue, je savais que nos idées n'avaient jamais été proches. Mais parce que le sigle des PAC nous unissait, même avec des chefs d'inculpation très différents, nous nous retrouvâmes dans la même cage en cour d'assises. Il paraît inutile de répéter ici les tortures subies par les jeunes proches de ce groupe, des jeunes de quartier ensuite innocentés. Je le dis parce que je fus condamné quelques années après pour ce même meurtre, pour lequel aucun d'eux, même sous la torture, n'avait prononcé mon nom. »

Le quatrième homicide revendiqué par les PAC fut commis le 19 avril 1979 à Milan, sur la personne de l'agent de police Andrea Campagna, accusé par les PAC d'avoir participé aux tortures infligées aux inculpés de l'affaire Torregiani. Les PAC étaient alors dissous et l'attentat fut commis par une filiation du groupe. Mutti figurait dans cet ultime noyau résistant qui avait refusé la dissolution. Giuseppe Memeo, participant reconnu au meurtre de Campagna et membre du commando Torregiani, précisa que l'arme ayant tué Campagna était la même que celle qui avait tué Torregiani. Ce fait fut confirmé par la balistique. Les deux attentats étaient liés, tant par leur motivation que par les armes utilisées. L'agresseur, vu par un témoin, était un barbu aux cheveux « blonds », de grande taille, frôlant les 1,90 m. Battisti a les cheveux noirs et mesure 1,70 m environ. Pourtant, Mutti déclara à nouveau que Battisti avait été l'exécutant, complice de Memeo. Non seulement Battisti n'était pas impliqué dans l'attentat contre Torregiani, dont découlait celui contre Campagna, mais il avait alors renoncé à la lutte depuis un an. Les armes qui furent retrouvées dans l'appartement qu'il partageait avec d'autres clandestins inactifs furent toutes reconnues vierges.

Mutti et ses camarades repentis et dissociés réussirent ainsi à faire porter le maximum de charges sur l'absent Battisti, qui constituait pour eux un bouc émissaire idéal. Ils en furent récompensés : de tous les membres des PAC, Battisti fut le seul à être condamné à la perpétuité. Les peines prononcées à l'encontre des cinq protagonistes les plus éminents du groupe furent beaucoup moins lourdes, allant de 8 ans pour Fatone, 9 ans pour Mutti, ou de 15 à 28 ans pour les autres, selon qu'ils étaient ou non en fuite.

La Cour d'appel de Paris, en 2004, déclara contre toute évidence qu'elle n'avait pas à suspecter les déclarations des repentis et des dissociés. Peu de temps après pourtant, la justice italienne acquitta les activistes d'extrême droite, auteurs présumés du fameux attentat à la bombe de la Piazza Fontana en 1969, au motif que leur accusation ne reposait que sur des déclarations de repentis.

L'autre grande force du dossier de Battisti était qu'il avait été condamné en Italie en son absence. Selon la loi française, il devait donc bénéficier d'un nouveau procès en sa présence, et ne pouvait donc pas être envoyé directement en prison en Italie, encore moins pour une peine de perpétuité. Mais la Cour d'appel de Paris réussit à passer cet obstacle en estimant que Battisti n'était pas un « vrai contumace » : elle affirma qu'il avait été informé de ses procès pour homicides, qu'il avait communiqué avec son avocat italien durant son exil au Mexique, et qu'il avait donc volontairement renoncé à comparaître devant ses juges, ce qui lui ôtait son droit à un nouveau procès.

Ce n'est que dans le mémoire déposé devant le Conseil d'Etat qu'on apprit en détail sur quels documents se fondait le ministre de la Justice,

D. Perben, pour soutenir cette accusation : il s'agissait de trois lettres signées de Battisti, datées de mai 1982, de juillet 1982 et de février 1990, dans lesquelles il chargeait son avocat italien de sa défense. Le ministre commente longuement ces lettres dans son mémoire, pour certifier que Battisti était en relation suivie avec ses défenseurs, qu'il avait fui la justice et, en raison des dates des envois, que ces courriers concernaient bien ses procès pour homicides.

La défense les soumit à un expert graphologue auprès de la Cour, qui prouva que les trois documents étaient des faux. Avant de quitter l'Italie en 1981, Battisti avait laissé à d'anciens camarades des blancs-seings et des mandats généraux pour assurer sa défense en cas de procès pour son évasion, ou en cas d'appel. Tous les fugitifs faisaient de même. Battisti avait signé ces feuillets à la suite et le même jour.

L'expertise prouva en effet « sans aucun doute » que les signatures figurant au bas des trois lettres, strictement identiques, avaient été effectuées *au même moment* (octobre 81), et non pas à huit années d'écart (82, 82, 90) comme l'assura la justice. Quant aux dates, censées prouver la connaissance qu'avait Battisti de ses procès, elles sont fausses, ou elles manquent : la date du « 10 mai 82 » n'est pas de la main de Battisti, elle ne correspond ni au rythme ni aux chiffres de son écriture. Elle est en outre « comme ajoutée », en bas à gauche du feuillet. Celle de « juillet 82 » ne figure nulle part, et la justice l'a déduite du seul cachet postal de l'enveloppe. Mais l'adresse figurant sur cette enveloppe est curieusement tapée à la machine, et rien ne permet de la relier à la lettre. L'autre adresse est composée en lettres majuscules, elle est reconnue « suspecte » et ne correspond pas à l'écriture du courrier.

Si Battisti avait voulu mandater son avocat, en signant lui-même ses lettres, il n'aurait pas eu la moindre raison de déguiser son écriture sur les enveloppes. En revanche, la ou les personnes qui remplirent à sa place les blancs-seings ou complétèrent les mandats, incapables d'imiter l'écriture de Battisti, avaient tout intérêt à masquer la leur sous des majuscules ou sous une frappe machine.

Quant à la lettre prétendument postée du Mexique en février 1990, elle est entièrement dactylographiée. Le texte a été tapé au-dessus d'une signature authentique de Battisti, mais vieille de neuf ans. L'enveloppe qui devrait l'accompagner, prouvant qu'elle serait partie du Mexique, manque.

C'est sur ces trois lettres, *et sur aucun autre élément*, qu'a été fondée la « preuve » du

« contact » de Battisti avec son avocat italien. C'est sur *elles seules* que s'est appuyée la justice française pour prononcer son extradition. J'ajoute, ayant vu ces lettres, que leur caractère falsifié aurait sauté aux yeux d'un amateur.

Que Cesare Battisti soit un authentique condamné par contumace, ignorant de ses procès et donc non passible d'extradition, était donc un fait prouvé depuis janvier 2005. L'expertise graphologique fut déposée devant le Conseil d'Etat. Il parut alors impossible que cette cour, la plus haute juridiction française, contourne un obstacle aussi patent. Elle le fit, en l'ignorant, et sans même mentionner l'expertise graphologique dans son arrêt. Pire, elle y réaffirma que les trois lettres de Battisti prouvaient qu'il était informé de ses procès. Et c'est ainsi que l'affaire fut purgée en France.

Il est détestable que la justice française ait pris en cette affaire un si inquiétant parfum d'exception. Et désastreux de l'avoir vue, cour après cour, accepter de plier sous les ordres du pouvoir politique. C'est à l'Etat français, qui était averti du dossier, des graves anomalies des anciens procès italiens, du statut de repentis et de dissociés de Mutti et de ses amis, de l'absence de preuve matérielle, de la non-information du condamné, et du caractère falsifié des trois « lettres de Battisti », d'assumer le fait, gravissime dans un pays de droit, d'avoir mené froidement cette opération.

La vérité, écrivait Cesare l'an dernier, est transparente comme une goutte d'eau sur un fil, qui ne demande qu'à tomber.

Un jour, elle tombera.

F.V.

TABLE

Cet ouvrage a été imprimé par

FIRMIN DIDOT
GROUPE CPI

Mesnil-sur-l'Estrée

pour le compte des Éditions Grasset
en avril 2006

Imprimé en France

Dépôt légal : avril 2006
N° d'édition : 14336 – N° d'impression : 78955
ISBN : 2-246-70851-6